LITERATURWISSEN FÜR SCHÜLER

Romantik

Von Martin Neubauer

Philipp Reclam jun. Stuttgart

RECLAMS UNIVERSAL-BIBLIOTHEK Nr. 15230

Gesamtherstellung: Reclam, Ditzingen
Printed in Germany 2007
RECLAM, UNIVERSAL-BIBLIOTHEK und
RECLAMS UNIVERSAL-BIBLIOTHEK sind eingetragene
Marken der Philipp Reclam jun. GmbH & Co., Stuttgart
ISBN 978-3-15-015230-0

www.reclam.de

Inhalt

1. Was ist Romantik? (Begriffsklärung)

Das Wort »Romantik« weckt bei den meisten Menschen wohl positive Assoziationen. In der Regel verbindet man es mit reizvollen Anlässen wie einem Dinner zu zweit bei Kerzenlicht, mit Kuschelmusik, der Meeresbrandung im Mondlicht oder einem stimmungsvollen Sonnenuntergang. Inflationär wird der Begriff im Fremdenverkehr genutzt: »Romantikhotels« locken ebenso Touristen an wie »wildromantische« Schluchten oder Orte in »romantischer« Lage; die »Romantische Straße« gilt als eine der schönsten Reiserouten Deutschlands.

Populärer Wortgebrauch

In der Literatur ist alles etwas komplizierter. Sicher, in vielen romantischen Texten rauscht der Wald, funkeln die Sterne und fließt der Rhein, aber darin erschöpft sich Romantik nicht. Romantik als literarische Epoche umfasst viel mehr: Unendlichkeitsdrang und die Einheit von Kunst, Leben und Religion als universalpoetisches Dogma; Verklärung der guten alten Zeit und Erweckung des nationalen Bewusstseins; Volkskultur und Schauergeschichte; Bewusstseinserweiterung durch Traum, Wahn und Rausch; Formstrenge ebenso wie Auflösung der Form – um nur einiges zu nennen.

Der kulturgeschichtliche Terminus umfasst so viel Uneinheitliches, Heterogenes, Widersprüchliches, dass ein gemeinsamer Nenner nicht leicht zu finden ist. Einige Literaturwissenschaftler haben denn auch in Zweifel gezogen, ob eine

Begriffsproblematik

so offene Bezeichnung wie »Romantik« diese Komplexität nicht zu sehr verschleiere, ob dabei nicht eine große Vielfalt über einen Kamm geschoren werde. Der Schriftsteller Eckhard Henscheid spricht gar von einer »Begriffskatastrophe«[1].

»Romantik« und »romantisch«

Nicht weniger verwickelt als die literaturwissenschaftliche Definition des Epochenbegriffs »Romantik« ist seine Wortgeschichte, weil sich im Laufe der Zeit verschiedene Inhalte angelagert haben.

Gegenbegriff

Die historische Sprachbetrachtung zeigt, dass es sich beim Lehnwort »romantisch« seit jeher um einen Gegenbegriff handelte. Es markiert das, was sich der Vernunft entzieht, was nicht alltäglich ist, was mit der Realität wenig zu tun hat. Im Altfranzösischen war »Romantisches« gleichbedeutend mit »Romanischem«, also mit Volkssprachlichem – im Gegensatz zum Latein, der Sprache der Gebildeten. Was in der Volkssprache niedergeschrieben wurde, waren Abenteuer- und Rittergeschichten, also »Romanzen« und »Romane«. Auch im Verständnis der Zeit um 1800 handelte es sich beim »Romantischen« um das, was eben nicht mit dem Antiken und dem Klassischen zu tun hatte.

Gefühl

Gemütvolle Eindrücke waren für das Verständnis des Begriffs »romantisch« bereits im 17. Jahrhundert maßgeblich, wenn es um Empfindungen ging, die speziell Landschaftsbilder und englische Gärten beim Betrachter auslösten.

Bis ins 18. Jahrhundert hinein hatte der Begriff auch eine negative Bedeutung. Schuld daran war die Gattung des Romans, die lange Zeit als Inbegriff des Überspannten galt. »Romantisch« war auch »romanhaft«, also schwärmerisch und unecht. Erst als sich der Roman in Deutschland durch Schriftsteller wie Wieland oder Goethe als seriöse Form zu etablieren begann, verschwand diese abwertende Konnotation; man assoziierte mit »romantisch« nunmehr eher das Wunderbare und Phantastische.

Negativer Wortinhalt

Phasen und Zentren der Romantik

Literaturgeschichte ist kein Nacheinander von Epochen: Am Beginn läuft die Romantik parallel mit der Klassik und der späten Aufklärung, am Ende vermischt sie sich mit Biedermeierlichem und Frührealistischem. Zur inneren Differenzierung greifen Literaturwissenschaftler auf das in der Geschichtsforschung wiederholt bemühte Modell der Dreigliederung zurück, nämlich in **Frühromantik, Hochromantik** und **Spätromantik**.

Die zeitlich kürzeste Phase ist die Frühromantik, auch als »ältere Romantik« bezeichnet. Die Forschung verlegt sie auf den Beginn oder die Mitte der neunziger Jahre des 18. Jahrhunderts. Das Besondere an ihr ist, dass die literarische Innovation nicht von der poetischen Praxis ausgeht, sondern von theoretischen und philosophischen Äußerungen. Die Frühromantik ist die große Zeit der ästhetischen Programme. Sie ist auch ein Gruppenphänomen, denn Literatur ist Gegenstand geselliger Erörterungen, etwa in den Salons von Berlin

Frühromantik

oder, wenige Kilometer vom Klassikerzentrum Weimar entfernt, in Jena. Dort bildete sich um das Brüderpaar August Wilhelm und Friedrich Schlegel und deren Gefährtinnen Caroline und Dorothea ein Kreis von Intellektuellen, dem unter anderen Tieck und Novalis angehörten. Als dieser 1801 starb und die Schlegel-Brüder die Stadt verließen, ging die Jenaer Romantik zu Ende.

Jena

Die **Hochromantik** oder mittlere Romantik kennt mehrere Zentren, bedingt durch den Umstand, dass es weder ein geeintes Deutschland noch eine deutsche Hauptstadt gab. In Heidelberg fanden sich zwischen 1805 und 1808 Görres, Clemens Brentano, Achim von Arnim und Eichendorff. In diesen Jahren lag der Schwerpunkt vor allem in der Auseinandersetzung mit dem Geschichtlichen, Mythologischen und Philosophischen. Volkslieder, Volksbücher und Märchen wurden gesammelt. 1809 bis 1822 war Berlin wieder Aufenthaltsort romantischer Dichter, wie Arnim, Brentano, Chamisso, E. T. A. Hoffmann, Eichendorff oder Fouqué. Andere Schlüsselorte der Hochromantik sind Dresden und das katholische Wien, wo 1808 August Wilhelm Schlegel seine Vorlesungen begann und wohin sein Bruder Friedrich im selben Jahr übersiedelte, um dort später im österreichischen Staatsdienst Karriere zu machen. In diesen Zeitraum fällt auch die propagandistische Dichtung der Befreiungskriege gegen Napoleon: Ernst Moritz Arndt, Theodor Körner, Max von Schenkendorf.

Hochromantik

Der Wiener Kongress 1814/15 und die darauf folgende Zeit der politischen Restauration schufen für die Literatur neue Voraussetzungen; eine weitere Zäsur markiert 1822 der Tod von E. T. A. Hoffmann.

In der **Spätromantik** – also in den zwanziger und dreißi-

Spätromantik

ger Jahren des 19. Jahrhunderts – traten die modernen und innovatorischen Züge in den Hintergrund. Mit Dichtern wie Ludwig Uhland, Justinus Kerner, Gustav Schwab, Wilhelm Hauff oder Eduard Mörike profilierte sich Schwaben als literarische Landschaft.

= Heidelberger: Brentano, v. Arnim, Eichendorff

⇐ Berlin: Arnim, Brentano, Hoffmann, Eichendorf
ab 1809-2?

⇐ Dresden

⇐ Wien (Schlegel u.a.)

2. Epoche

Napoleon und Europa

Die Dichtung der Romantik entwickelte sich im Gefolge der Napoleonischen Kriege. Napoleon Bonaparte, 1769 auf Korsika geboren, erlebte während der Französischen Revolution einen kometenhaften militärischen Aufstieg und wurde 1793 der jüngste Revolutionsgeneral. Beflügelt von Machtstreben einerseits und andererseits der Idee, die revolutionären Ideale von Freiheit und gesellschaftlichem Fortschritt auch über die Grenzen Frankreichs hinauszutragen, legte er mit dem Erfolg seines unkonventionell geführten Feldzugs in Oberitalien (1796/97) und einem den Österreichern aufgezwungenen Frieden den Grundstein für seine Popularität und seine weitere politische Karriere.

Der junge Napoleon

Am 9. Oktober 1799 stürzte er die alte Regierung und etablierte als Erster Konsul eine Militärdiktatur mit demokratischem Anstrich. Durch eine Volksabstimmung wurde er 1802 Konsul auf Lebenszeit, zwei Jahre später krönte er sich in Notre-Dame zum Kaiser der Franzosen.

In den eroberten Gebieten setzte er seine Verwandten auf den Thron und hoffte auf deren Loyalität. Mit dem Ziel, Druck auf seinen hartnäckigsten Feind England auszuüben, versuchte er in Europa ein Bündnissystem zu installieren. Die 1806 verkündete Kontinentalsperre sollte die Industrie und den Handel der Briten nachhaltig schädigen und den Staatsbankrott herbeiführen. Doch ging der Schuss nach hinten los: Die Idee, England durch Entzug seiner Absatz-

Napoleon und England

märkte in die Knie zu zwingen, scheiterte daran, dass auch der Kontinent wirtschaftliche Nachteile in Kauf nehmen musste. Zudem war der Boykott nicht exekutierbar, weil sich einige Staaten nicht an ihn hielten.

Napoleons Niedergang

Die militärischen Aktionen, die die Neutralisierung Englands sichern sollten, leiteten Napoleons Niedergang ein. Der Angriff auf Portugal, das weiterhin Handel mit Großbritannien trieb, verwickelte Frankreich in einen jahrelangen, zermürbenden Krieg auf der Iberischen Halbinsel. Als Zar Alexander II. die Kontinentalsperre aufhob, antwortete Napoleon mit einem Feldzug nach Russland (1812), der mit einer Katastrophe endete. Die geschickte Ausweichtaktik der Russen, der Einbruch des Winters und gravierende Versorgungsprobleme hatten zur Folge, dass vom bisher größten Heer der Geschichte nur ein Bruchteil zurückkehrte.

Niederlage und Ende

Ermutigt von Napoleons Niederlage, formierten sich seine Gegner neu. 1813 gelang den Preußen, Österreichern und Russen in der Völkerschlacht bei Leipzig ein entscheidender Sieg, 1814 zog die Koalitionsarmee in Paris ein. Napoleon wurde zur Abdankung gezwungen und musste ins Exil auf die Mittelmeerinsel Elba gehen. Von dort kehrte er jedoch mit einer Handvoll Männer im März 1815 nach Frankreich zurück. Seine Hoffnung, die Herrschaft dort auf Dauer zu sichern, musste er mit seiner Niederlage bei Waterloo endgültig begraben. Er wurde auf die Atlantikinsel St. Helena verbannt, wo er seine achtbändigen Memoiren verfasste und dadurch am Fortbestehen seiner Legende – auch über seinen Tod im Jahr 1821 hinaus – weiterwirkte.

Napoleon und Deutschland

Neuordnung

Napoleon vermittelte seinen Zeitgenossen die Hoffnung, ein absolut regiertes Europa liquidieren zu können und stattdessen eine neue Ordnung zu etablieren, fußend auf den Errungenschaften der Französischen Revolution. Attraktiv wurde das Napoleonische System durch mehrere Umstände: So eröffnete der Emporkömmling Napoleon künftig jedermann die Möglichkeit sozialen Aufstiegs, ungeachtet der sozialen Herkunft. Der Code civil, das liberale Gesetzbuch von 1804, verschmolz geschickt alte und neue Rechtsprinzipien miteinander. Er nimmt aufgrund seiner weltweiten Wirkung für sich in Anspruch, eine der dauerhaftesten Leistungen Napoleons zu sein, indem er das Zivilrecht regelte und die persönliche Freiheit ebenso garantierte wie Rechtssicherheit und eine – allerdings von zahlreichen Ausnahmen durchlöcherte – Rechtsgleichheit.

Krieg und Frieden

Mochte Napoleon auch von einer Friedensordnung für Europa träumen, so gestaltete sich die Realität anders. Statt eines Völkerfrühlings und einer »Pax Napoleonica« sah sich der Kontinent permanent in Kriege verstrickt; schätzungsweise mehr als eine Million Soldaten blieben zwischen 1796 und 1815 tot auf den Schlachtfeldern zurück. Gegen ein gewaltsam geeintes Europa unter Napoleons Führung sprach, dass der Arm des Kaisers unterschiedlich weit reichte. England erwies sich als unbeugsamer, letztlich siegreicher Dauergegner; Preußen und Österreich wurden zwar am Gängelband Frankreichs geführt, blieben aber souverän und warteten nur den günstigsten Moment für einen Gegenschlag ab.

Stärker war der Einfluss auf den Vasallenstaat Westfalen, der von Napoleons Bruder Jérôme regiert wurde, und auf den Rheinbund, ein Protektorat auf deutschem Boden, das in außenpolitischen Entscheidungen von Napoleon abhängig war. Während seiner kurzen Lebensspanne bis 1813 entwickelte sich der Rheinbund zu einer Art »drittem Deutschland« neben Preußen und Österreich. Damit war nach mehr als 800-jähriger Geschichte die Auflösung des Heiligen Römischen Reiches besiegelt: 1806 legte Franz II. die deutsche Kaiserkrone nieder und regierte fortan als Kaiser Franz I. von Österreich.

Ende des Heiligen Römischen Reiches

Dank Napoleon verbreiteten sich die Leistungen der französischen Aufklärung in Europa. Dazu gehört auch der Umstand, dass er den Grundstein für den späteren deutschen Einheits- und Rechtsstaat legte. Einerseits tat er dies in seiner Tätigkeit als Politiker, indem er die Zahl der deutschen Staaten verminderte und jene, die unter seinem Einfluss standen, einer eingehenden Neuordnung von Verfassung und Verwaltung unterzog. Andererseits wurde diese Modernisierung dadurch getrübt, dass sie mit der Ausweitung französischer Macht und letztlich mit Fremdherrschaft verbunden war. Europaweit erklang der Ruf nach Selbstbestimmung, auch in Deutschland.

Napoleons Leistungen

Dort hatten im 18. Jahrhundert bereits Klopstock und Herder mit ihren Schriften für die Ausprägung eines nationalen Bewusstseins auf politischer und kultureller Ebene gesorgt. Nun entzündete sich der Gedanke, durch gemeinsame Herkunft und gemeinsame Sprache miteinander verbunden zu sein, an der napoleonischen Hegemonie, mit-

Geburt des Nationalismus

getragen von der publizistischen Tätigkeit romantischer Schriftsteller. Die Vision vom geeinten Vaterland galt als ideologischer Leitstern, verknüpft mit der Konturierung der kulturellen Identität und der emotionalen Mobilisierung gegen die Franzosen und den Despoten Napoleon.

Deutschland nach Napoleon

Nach dem Sturz des Kaisers blieb der deutsche Einheitsstaat auf Jahrzehnte weiterhin nur eine Utopie. Auf dem Wiener Kongress (1814/15) gaben konservative und restaurative Kräfte den Ton an, sodass die partikularen Interessen der Fürsten den Vorrang hatten. Ziel der Herrschenden war es, die Errungenschaften der Revolution zu tilgen, alte Ordnungen zu zementieren und neue revolutionäre Bewegungen im Keim zu ersticken. Als Antwort darauf wich nicht nur in Deutschland die Verteufelung Napoleons einem freundlicheren und verklärenden Bild – nämlich dem eines Wegbereiters fortschrittlicher Ideen.

Theorie

Nicht die große, geschlossene logisch-theoretische Abhandlung prägte die frühromantische Auseinandersetzung mit der Kunst und Literatur, sondern das Offene des Fragments. Die aphoristische Form, wie sie von Friedrich Schlegel oder Novalis verwendet wurde, sperrt sich von vornherein gegen die Entwicklung eines zusammenhängenden Systems.

Athenäum-Fragment *Nr. 116*

So ist auch eine der wichtigsten literaturtheoretischen Äußerungen um 1800, Friedrich Schlegels *Athenäum-Fragment* Nr. 116, als kurzer, prägnant formulierter Prosatext gehalten. In diesem Grundmanifest der Frühromantik wird der Begriff der »progressiven Universalpoesie« entwickelt: »Ihre Bestimmung ist nicht bloß, alle getrennten Gattungen der Poesie wieder zu vereinigen und die Poesie mit der Philosophie und Rhetorik in Berührung zu setzen. Sie will und soll auch Poesie und Prosa, Genialität und Kritik, Kunstpoesie und Naturpoesie bald mischen, bald verschmelzen, die Poesie lebendig und gesellig und das Leben und die Gesellschaft poetisch machen, den Witz poetisieren und die Formen der Kunst mit gediegnem Bildungsstoff jeder Art anfüllen und sättigen und durch die Schwingungen des Humors beseelen.«

Entgrenzung

Mit der Vorstellung von romantischer Poesie verbindet sich im weitesten Sinne die allgemeine Vorstellung, dass Grenzen aufgelöst werden. Dieses Moment verleiht dem so heterogenen Phänomen der Romantik eine gewisse Einheitlichkeit, da sich diese Auflösung in der Folge auf mannigfaltige Art und Weise artikuliert: als freies Spiel mit der Form ebenso wie als Suche nach einer neuen Einheit und einem neuen Weltkonzept, als Öffnung gegenüber den Erzeugnissen der Volksdichtung ebenso wie als Überschreiten der Grenze zwischen Realität und Phantasie. Was Schlegel in seinem Fragment anspricht, ist zum einen die Synthese verschiedener literarischer Gattungen, ja sogar die Synthese aller Künste, hin zum Gesamtkunstwerk. Voraussetzung dafür ist die völlige poetische Autonomie des Künstlers. Seine Freiheit und Willkür darf durch kein Gesetz behindert werden. Darüber hinaus sollen auch Leben und Kunst miteinander verschmolzen und in den poetischen Prozess alle Möglichkeiten kultureller Äußerungen einbezogen werden.

Aufgelöst wird auch die Werkgrenze selbst – die Textgestalt des Fragments, die Schlegel für seine Darlegung gewählt hat, ist dafür symptomatisch: »Die romantische Dichtart ist noch im Werden; ja das ist ihr eigentliches Wesen, daß sie ewig nur werden, nie vollendet sein kann.« Das Offene, Unabgeschlossene des romantischen Kunstwerks ist Voraussetzung dafür, dass der Leser zum Weiterdenken animiert wird, seinerseits wiederum die Einleitung eines unendlichen Prozesses. So gestalteten sich auch die frühromantischen Konzepte als Resultate gemeinsamen »Symphilosophierens«, also gruppenweiser Zusammenarbeit, gemeinsamer Lesungen und Diskussionen.

Künstler und Philister

Für die Identitätsfindung der Romantiker war es von Bedeutung, sich von all jenen abzuheben, die den Unendlichkeits- und Entgrenzungspostulaten wenig abgewinnen konnten und demgegenüber das Absehbare und Behagliche des Alltagslebens vorzogen. In der Gegen- und Spottfigur des Philisters haben diese Exponenten bürgerlicher Selbstgenügsamkeit Eingang in eine Reihe romantischer Texte gefunden, etwa bei Brentano, Hoffmann, Eichendorff oder Novalis: »Den höchsten Grad seines poetischen Daseyns erreicht der Philister bey einer Reise, Hochzeit, Kindtaufe, und in der Kirche. Hier werden seine kühnsten Wünsche befriedigt, und oft übertroffen.«[2]

Philosophie

Von dem, was den Begriff »romantisch« nach heutigem Verständnis ausmacht, war bislang kaum die Rede: vom Gefühl. Tatsächlich waren in den siebziger und achtziger Jahren des 18. Jahrhunderts die Dichtungen der Stürmer und Dränger, die mit den Romantikern die Betonung des künstlerischen Ichs und das Interesse für die Volkspoesie gemeinsam hatten, viel stärker emotional grundiert gewesen. Denn die deutsche Romantik ist eine eigentlich sehr kopflastige Literaturepoche. Sie verfügt über ein sehr starkes theoretisches Fundament und läuft zeitlich parallel zur Hochblüte der deutschen Philosophie, dem Deutschen Idealismus. Zwischen ihm und der Ästhetik wie der Kunst zu vermitteln, machten sich Schriftsteller wie Friedrich Schlegel, Novalis oder Hölderlin zur Aufgabe.

Deutscher Idealismus

Stark beeinflusst wurde die Romantik durch zwei Philosophen, die ihre Gedanken in der Auseinandersetzung mit Immanuel Kant (1724–1804) entwickelten: Fichte und Schelling.

Mit seiner *Wissenschaftslehre* (1794) schuf Johann Gottlieb Fichte (1762–1814) eine der wichtigsten philosophischen Grundlagen der Romantik. Untersuchungsgegenständesind darin das Verhältnis von Geist und Welt, die Freiheit des absoluten Ich sowie dessen Artikulation durch die Phantasie: Wenn sich das souveräne Bewusstsein sein Universum entwirft, so handelt es sich dabei um einen Akt, der dem künstlerischen Schaffen entspricht. Großes Echo bei den vaterlandsverbundenen Romantikern fanden Fichtes *Reden an die deutsche Nation*, gehalten im Winter 1807/08, durch die er zu einer intellektuellen Schlüsselgestalt im Kampf gegen Napoleon wurde.

Fichte

Friedrich Josef Schelling (1775–1854) war als Theologiestudent in Tübingen Stubenkamerad von Hegel und Hölderlin. Seine Verbindung von Natur- und Kunstphilosophie fand bei den

Schelling

Romantikern großen Anklang, sowohl ihres einheitsstiftenden Konzepts als auch der Vorzugsstellung wegen, die sie der Kunst und dem Künstler einräumte: Kunst bedeute die Synthese zwischen der unbewussten Produktivität der Natur und der selbstbewussten Schöpferkraft des gestaltenden Subjekts.

Romantische Naturwissenschaft

Die romantische Naturphilosophie fiel in eine Zeit großer Spekulationen, Hypothesen und wissenschaftlicher Erkenntnisse, speziell auf dem Gebiet der Chemie, der Elektrizität, der Medizin und der Psychologie. Unter dem Eindruck der neuen Studien wurde das alte Problem vom Verhältnis zwischen Mikrokosmos und Makrokosmos neu verhandelt. Eine ihrem Kern nach »romantische« Frage war jene nach der Einheit von Belebtem und Unbelebtem. Eine andere Frage ging der Lesbarkeit der Natur nach: »Sind vielleicht Blüten und Kräuter Worte? – Sprache, in der die Gefühle, der Geist der Erde, des Wassers sich deutlich machen?«[3] Die Schöpfung wurde als geoffenbartes Buch aufgefasst, dessen Zeichen es zu entziffern galt und die überall aufzuspüren waren: im alchemistischen Prozess, in der Mathematik und in der *Symbolik des Traumes* (so der Titel einer protopsychoanalytischen Untersuchung von Gotthilf Heinrich Schubert aus dem Jahr 1814).

Religion

Faszination des Katholizismus

Im Jahr 1800 ließ der Protestant Schiller in seinem Drama *Maria Stuart* den Protestanten Mortimer von der Faszination des katholischen Rom schwärmen. Drei Jahre zuvor hatte der Protestant Wilhelm Heinrich Wackenroder seine *Herzensergießungen eines kunstliebenden Klosterbruders* veröffentlicht – der Titel nimmt dabei ebenso die pietistische Vokabel des Strömens und Fließens auf, wie er den kunstbegeisterten katholischen Mönch als Vermittlergestalt nennt. Der Protestant Novalis arbeitete wenig später an dem Aufsatz *Die Christenheit oder Europa*, in dem er die mittelalterliche Einheit des christlichen Abendlandes unter der Schirmherrschaft des Papstes verklärte.

War die deutsche Literatur des 17. und 18. Jahrhunderts hauptsächlich durch protestantische Schriftsteller bestimmt gewesen, so handelte es sich bei der Romantik um eine literarische Strömung, die erstmals von bedeutenden katholischen Autoren getragen wurde. Nicht alle stammten – wie Brentano, Eichendorff oder Görres – aus katholischen Familien; eine Reihe von Dichtern und Intellektuellen entschloss sich zur Konversion: Friedrich und Dorothea Schlegel, der Kleist-Freund Adam Müller, der Staatsrechtler Karl Ludwig von Haller. Zacharias Werner trat 1810 in Rom zum katholischen Glauben über; vier Jahre später ließ sich der bereits mehrmals Geschiedene zum Priester weihen und beschloss sein Leben als Ordensprediger. Aufsehen erregte 1817 Brentanos spektakuläre Rückkehr zum Katholizismus angesichts einer persönlichen Lebenskrise. Rom, wo sich klassische Kultur und christlicher Glaube kreuzten, wurde zum Kristallisationspunkt romantischer Kunstemphase.

Die Frühromantiker lebten in einer religiösen Aufbruchsstimmung, allerdings fernab kirchlicher Dogmatik. Ihre unbestimmten Vorstellungen, mit denen sie gegen die antikatholischen Positionen der späten Aufklärung Front machten, waren versetzt mit pantheistischem und mystischem Gedankengut. Religion bot die Möglichkeit, das

Geheimnisvolle und Wunderbare auszuloten und in der Einheit mit Kunst und Leben die romantische Unendlichkeitsprogrammatik zu realisieren. Zugleich hofften die Romantiker auf eine spirituelle Gegenmacht zur Umgestaltung Europas, als Alternative zum Weg der Gewalt, den Napoleon eingeschlagen hatte. Im Religiösen sammelte sich die Sehnsucht nach Frieden, Ordnung und Harmonie, die aber allzu oft im Utopischen stecken blieb: So trug sich Friedrich Schlegel mit dem Gedanken, eine neue Religion zu stiften, und auch der Philosoph und Theologe Friedrich Schleiermacher war von der Notwendigkeit einer neu zu gründenden Religion tief überzeugt.

Utopie

Unter dem Zeichen der Heiligen Allianz, einem reaktionären Schutzbündnis gegen Liberalismus und Revolution, diente das Christentum in der europäischen Politik nach 1815 wieder verstärkt als Instrument zur Herrschaftssicherung. Gefördert durch die Kulturpolitik des bayerischen Königs Ludwig I., wurde München zum Zentrum katholischer Künstler und Gelehrter, allen voran Görres und später Brentano. Freilich hatten die Religion im Allgemeinen und der Katholizismus im Besonderen innerhalb der romantischen Bewegung mittlerweile einen anderen Stellenwert bekommen, was die widersprüchliche Biographie Friedrich Schlegels belegt: Der ehemalige Skandalautor war seit 1815 Träger des päpstlichen Christusordens, und seine kurzlebige Zeitschrift *Concordia* (1820–23) war weniger der progressiven Erneuerung als restaurativem christlichem Gedankengut verpflichtet.

Reaktion und Restauration

Mittelalter

Angesichts der Beschleunigung, die die Politik durch die Französische Revolution und durch Napoleon erfuhr, stellte sich bei den Zeitgenossen die Frage nach dem weiteren Geschichtsverlauf. Die Antwort suchten die Romantiker im Mittelalter, einer Epoche, die bisher eher als düsteres Intermezzo zwischen Antike und Renaissance angesehen worden war. Jetzt diente es als Projektionsfläche für eine rückwärtsgewandte Sozialutopie. Freiheiten und Rechte, die in früheren Jahrhunderten noch Bestand gehabt hatten und mittlerweile verloren gegangen waren, wurden in jenem Maße gefeiert, in dem in der frühindustrialisierten Gesellschaft immer heftiger um bürgerliche Emanzipation gerungen wurde.

Positiver Gegenentwurf

Wenn zur Charakterisierung der Romantik häufig das Mittelalter – im Gegensatz zu der dem Altertum verpflichteten Klassik – bemüht wird, so ist dies nur bedingt richtig: Auch die romantische Ästhetik ging von der Antike aus. In ihr sah man eine Ganzheit repräsentiert, die der modernen Welt inzwischen abhanden gekommen war. So befasste sich die erste romantische Generation zunächst noch viel stärker mit dem klassischen Altertum als mit dem Mittelalter. Der junge Friedrich Schlegel entwickelte seine geschichts- und literaturtheoretischen Grundlagen in der Auseinandersetzung mit der antiken Poesie; seine und seines Bruders frühe Dramen weisen eine klassizistischere Form auf als jene der Weimarer Klassik.

Romantik und Antike

Erst unter dem Einfluss Achim von Arnims und der Brüder Grimm wandelte sich das Altdeutsche zu einem maßgeblichen poetischen Bezugsfeld. Parallel dazu intensivierte sich die akademische Auseinandersetzung mit dem Mittelalter. In der Geschichtswissenschaft wurde mit der systematischen Aufbereitung von Quellen begonnen. In jene Zeit fällt auch die Geburtsstunde der Altgermanistik: Bereits 1803 erschien Tiecks Edition von Minneliedern, 1812 folgten die Editionen des *Hildebrandsliedes* und des *Wessobrunner Gebets* durch die Brüder Grimm, während die Nibelungenphilologie – ungeachtet der Übersetzung Friedrich von der Hagens (*Nibelungenlied* 1807) – erst in den 1820er-Jahren aufblühte. Nicht immer trugen die romantischen Rekonstruktionen aber das Vorzeichen exakter Wissenschaftlichkeit – das gilt für die Befassung mit dem Mittelalter ebenso wie für die Auseinandersetzung mit der Volksdichtung.

Wissenschaftliche Beschäftigung

Volkspoesie

Zwar beschäftigten sich die Romantiker intensiv mit Formen populärer Dichtung wie Volksballade, Volkslied oder Volkserzählungen, doch mit dem Begriff des »Volkes« verbanden sie kaum eindeutige oder konkrete Inhalte. Genauso wenig war das Bild, das man sich von der Volkspoesie machte, ein Resultat strenger wissenschaftlicher Methode, zumal die Germanistik noch in den Kinderschuhen steckte. Doch waren die idealisierenden Vorstellungen von weit reichender Wirkung: Als unverfälschter Ausdruck einer durch gemeinsame Herkunft, Geschichte und Kultur verbundenen Gemeinschaft gestand man den ursprünglich mündlich überlieferten Ur-

Volksbegriff

zeugnissen der Literatur eine vitale Strahlkraft zu, die aus dem Dunkel der Vergangenheit bis in die unmittelbare Gegenwart reichte – ein Gegenpol zur elitären, gelehrten und ästhetisch durchgestalteten Individualdichtung. Diese Ansicht gilt heute als überholt, doch prägte sie bis ins 20. Jahrhundert hinein die Auseinandersetzung mit der Volksdichtung, weniger als genaue Darstellung der tatsächlichen Sachverhalte denn als Spiegelbild von Wunschvorstellungen der jeweils eigenen Epoche.

Vorromantischer Urpoesie-Diskurs

All das war keine Erfindung der Romantik. Schon in den siebziger Jahren des 18. Jahrhunderts hatte eine ästhetische Umorientierung stattgefunden. Die antiken Poetiken verloren ihre Verbindlichkeit, andere Größen wurden maßgeblich. Autoren wie Gottfried August Bürger (*Herzensausguß über Volkspoesie*, 1776) oder Johann Gottfried Herder trugen zur Polarisierung zwischen aufklärerischer Vernunft und neuer Gefühlskultur bei. Entdeckt wurden Texte, die in der Aufklärung wegen ihrer Schlichtheit in Sprache, Form oder Gehalt vernachlässigt und wenig geschätzt worden waren. Herder war es, der nicht nur 1778/79 eine Sammlung von Volksliedern publizierte, sondern den Begriff des »Volkslieds« überhaupt in die deutsche Sprache einführte. Seine Ansichten über die Zusammenhänge von Natur, Sprache, Volk, Geschichte und Kultur erhielten später durch die Romantiker angesichts der napoleonischen Expansion eine Gewichtung ins Politische, da diese meinten, mit der Volksdichtung ein Mittel gefunden zu haben, mit dem sich nationale Identität stiften ließ. Die Auseinandersetzung mit der Urpoesie im Vorfeld der Romantik war allerdings weniger von (kultur)politischen Überlegungen geprägt als vom Leitgedanken des freien Schöpfertums und dem Begriff des Genies, das sich nur der Natur und dem eigenen Herzen verpflichtet sah, nicht aber fremden Regeln.

Des Knaben Wunderhorn

Als berühmteste Zeugnisse, die diese Hinwendung zum Volkstümlichen dokumentieren, gelten die von Clemens Brentano und Achim von Arnim herausgegebene Volksliedersammlung *Des Knaben Wunderhorn* (2 Bde., 1805/08) sowie die *Kinder- und Hausmärchen* (1812) der Brüder Grimm.

Des Knaben Wunderhorn umfasst über 700 lyrische Texte. Wie es 25 Jahre zuvor Herder getan hatte, nahmen Brentano und Arnim auch Gedichte mit gesicherter Autorschaft auf – etwa von Luther, Grimmelshausen oder Matthias Claudius. Mehr noch: Bestehendes wurde umgedichtet und Unzusammenhängendes zusammengefügt, man tilgte Fremdwörter, Dialektales und Obszönes, und zuweilen wurden ganze Passagen neu gedichtet. Ein Dokument urtümlicher kollektiver Kreativität? Wohl kaum, wie kritische Zeitgenossen zu Recht meinten, die den Herausgebern manipulativen Umgang mit Texten vorwarfen. Allerdings schufen Brentano und Arnim mit ihren Überarbeitungen einen zwar unauthentischen, aber spezifisch romantischen Liedton und demonstrierten die Möglichkeiten eines produktiven Umgangs mit Literatur, von dem kurz darauf Jacob und Wilhelm Grimm bei der Arbeit an ihrer Märchensammlung profitieren sollten.

Wie die Herausgeber des *Wunderhorns* konnten die Brüder Grimm dabei auf Bestehendes zurückgreifen, denn bereits in den Jahrzehnten zuvor hatte es mehrere Versuche gegeben, mündliche Erzähltraditionen schriftlich zu fixieren. Am bekanntesten und erfolgreichsten waren dabei die *Volksmährchen der Deutschen* (1782/87) gewesen, eine Sammlung des Weimarer Gymnasialprofessors Johann Karl August Musäus. Nur bedingt können diese Texte als Zeugnisse der Volkspoesie gelten, denn anders als später die Brüder Grimm fasste Musäus seine Sammleraufgabe als Veredelungsprozess auf. Ihm war daran gelegen, das Überlieferte mit Scherz, Satire, Ironie und tieferer Bedeutung zu würzen, sodass das stilistisch stark überformte Endprodukt einem gebildeten Leser bekömmlich erscheinen konnte. Auch die Grimms nahmen ein sprachliches Arrangement der Märchen vor, jedoch nicht, um damit eine soziale Kluft zu überspringen, sondern um mit der Naivität im Tonfall den Charakter eines dichterischen Urzeugnisses zu simulieren.

Grimms Märchen

Ebenso wie Brentano und Arnim verließen sich die Grimms nicht nur auf Mündliches, sondern konsultierten auch schriftliche Überlieferungen. Lange Zeit standen ihre Märchen im Ruf, beispielhafter Ausdruck ursprünglicher deutscher Volkstümlichkeit zu sein, doch ist dies lediglich Ergebnis eines erfolgreichen Verschleierungsprozesses. Wohlweislich haben die Herausgeber den Hinweis darauf unterlasssen, dass ihre Sammlung zu einem Teil auf französischen Quellen beruht, vermittelt u. a. durch hugenottische Zuträgerinnen – in den Zeiten der militärischen Konfrontation mit Napoleon wäre dies kontraproduktiv für die Ausprägung eines deutschen Nationalbewusstseins gewesen, an dessen Konstruktion die Literatur einen erheblichen Anteil hatte.

Literarische Salons

Emanzipation der Frau

1791 schrieb Theodor von Hippel in seinem Werk *Über die bürgerliche Verbesserung der Weiber*, dass der Erfolg der Französischen Revolution daran zu bemessen sei, inwieweit Frauen an deren Erfolgen teilhaftig werden könnten. Zwar proklamierten die Revolutionäre die Gleichheit aller Menschen – aber betraf das auch die Gleichheit der Geschlechter?

Bürgerliche Salonkultur

Die Romantik war die erste Strömung innerhalb der deutschen Literatur, deren Profil wesentlich durch belesene und selbstbewusste Frauen geprägt wurde – speziell die Frühromantik, danach ließ der emanzipatorische Schwung etwas nach. Unter weiblicher Obhut standen die Salons, eine um 1800 gängige Form literarischer Geselligkeit, die man sich aus Frankreich abgeschaut hatte. Dort waren sie erstmals im Laufe des 17. Jahrhunderts in Erscheinung getreten und wurden in der Folge zu Zentren der Aufklärung. Anders als der französische Salon, wo Adelige und Finanzmagnaten den Ton angeben, war der deutsche eine bürgerliche Institution. Privathäuser dienten als Schauplätze regelmäßig stattfindender Zusammenkünfte, bei denen auf zwanglose Art sozialer Kontakt geknüpft und geistreiche Konversation gepflegt wurde. Die Gäste – mehrheitlich junge Leute – präsentierten Gelegenheitsdichtungen, lasen Theaterstücke in verteilten Rollen vor, fanden sich zu literaturkritischen Erörterungen zusammen und unterhielten sich bei Musik, Tanz oder Gesellschaftsspiel. Der Bohemien war ebenso willkommen wie der Adelige, der Gelehrte

Zentren der Salonkultur

ebenso wie der Diplomat, und selbst Durchreisende, die unangemeldet vorbeisahen, wurden freundlich empfangen. Nicht der soziale Stand war maßgeblich, sondern Bildung und Interesse für die Kunst.

In Weimar unterhielt Johanna Schopenhauer, die Mutter des Philosophen Arthur Schopenhauer, einen Salon, und bei Caroline Schlegel in Jena trafen sich nicht nur die Frühromantiker, sondern auch Goethe und Schiller. Besonders das vergleichsweise stark französisch geprägte Berlin entwickelte sich im deutschen Sprachraum zu einem Zentrum der Salonkultur. Dass dabei das emanzipierte jüdische Großbürgertum eine große Rolle spielte, war einem aufgeschlossenen, toleranten Klima zu danken. Zu nennen sind die Salons der Rebecca Friedländer und der Henriette Herz, einer schönen und außerordentlich sprachbegabten Frau, die sogar Malaiisch und Sanskrit beherrschte.

Der berühmteste Salon Berlins war derjenige der jüdischen Kaufmannstochter Rahel Levin, die nach ihrer Eheschließung 1814 mit dem um vierzehn Jahre jüngeren Historiker und Diplomaten Karl August Varnhagen von Ense den Namen ihres Gatten annahm. Dass die von ihr organisierten literarischen Zusammenkünfte den repräsentativen Glanz der Pariser Salons vermissen ließen, spielte keine Rolle: Zwischen 1790 und 1806 war ihre Dachstube, in der sich u. a. Tieck und die Brüder Schlegel zum Tee einfanden, ein kultureller Magnet Berlins.

Mit Napoleons Sieg über Preußen fand die glanzvolle Zeit der Berliner Salons vorerst ein Ende. Nach dem Wiener Kongress wurde ihre Tradition wiederbelebt – als Ort der Emanzipation und der kulturellen Geschmacksbildung, aber auch als Hort des Liberalismus.

Neubestimmung des Frauenbildes

Die Idee, dass Frauen ein Recht auf ein autonomes Gefühlsleben hätten, und die Umsetzung in die Praxis irritierte die meisten Zeitgenossen, zumal sich daran eine lockerere Auffassung von der Ehe knüpfte. Als skandalös empfunden wurde der Lebenslauf der Caroline Schlegel (1763–1809). Schiller gab ihr den Spitznamen »Madame Lucifer«: Bereits mit 21 Jahren war sie Witwe mit drei Kindern, ein viertes entsprang einer Affäre mit einem französischen Offizier. Sie wurde die Geliebte Friedrich Schlegels, heiratete dessen Bruder August Wilhelm, ließ sich von diesem 1803 scheiden und wurde Gattin des Philosophen Schelling – all das entsprach kaum den Konventionen des Bürgertums. Dessen Vorstellungen von Tugend und Geschlechterrollen konnte Caroline ohnehin nichts abgewinnen: Bei der geselligen Lektüre von Schillers *Lied von der Glocke*, in dem gerade diese bürgerlichen Maximen verherrlicht werden, sei sie »fast von den Stühlen gefallen vor Lachen«.

Caroline Schlegel

Ähnlich skandalträchtig verlief die Biographie ihrer Schwägerin Dorothea (1763–1839), Tochter des berühmten jüdischen Philosophen Moses Mendelssohn. Auch sie trennte sich von ihrem Mann, einem Bankier, und lebte dann zunächst in wilder Ehe mit Friedrich Schlegel zusammen, der diese Beziehung in seinem Aufsehen erregenden Roman *Lucinde* (1799) durchschimmern ließ. Dennoch zeigt auch diese Beziehung, dass selbst progressive Autoren im Umgang mit schreibenden Frauen männliche Arroganz und Kontrolle walten ließen: Dorotheas fragmentarischer Roman *Florentin* (1801) erschien ebenso unter dem Namen ihres Gatten wie ihre

Dorothea Schlegel

Übersetzung des Romans *Corinne* von Madame de Staël (1807) – eine Konzession an den Geist der Epoche, der es als unschicklich empfand, wenn eine Frau unter ihrem eigenen Namen veröffentlichte.

Sophie Mereau

Um solche Konventionen scherte sich Sophie Mereau (1770–1806) wenig – sie gilt als die erste Frau der deutschen Literatur, die sich ihr Brot mit Schreiben verdiente. Auch sie ließ sich von ihrem Mann scheiden – erstmals in Jena war die Trennung dabei von einer Frau beantragt worden. Als sie 1803 Clemens Brentano heiratete, war sie auf dem literarischen Markt präsenter als ihr um acht Jahre jüngerer Gatte. Selbstbewusst thematisierte sie weibliches Fühlen, selbstbewusst setzte sie ihren eigenen Namen auf die Titelblätter ihrer Bücher und besorgte sogar deren Marketing – alles in einer Zeit, in der selbst nach außen hin aufgeschlossene Männer sich nur schwer mit emanzipatorischem Gedankengut anfreunden konnten.

3. Autoren

August Wilhelm Schlegel

geb. Hannover 8. September 1767 –
gest. Bonn 12. Mai 1845

»Im Stil des echten Dichters ist nichts Schmuck, alles notwendige Hieroglyphe.« (Fragmente)

Das Theologiestudium, das ihm der Vater verordnet hatte, brach der aus einer Pastorenfamilie stammende Schlegel ab und wandte sich einer Karriere als Philologe zu. 1796 habilitierte er sich in Jena. 1803 erfolgte die Scheidung von seiner Frau Caroline, die noch im selben Jahr den Philosophen Schelling heiratete. 1804 lernte Schlegel die französische Schriftstellerin Madame de Staël kennen, unternahm an ihrer Seite ausgedehnte Reisen durch Europa und lebte bis zu ihrem Tod 1817 mit ihr auf ihrem Schloss am Genfer See.

Wie sein jüngerer Bruder Friedrich machte sich August Wilhelm Schlegel einen Namen als theoretischer Wegbereiter der Frühromantik. Novalis, Tieck und Schleiermacher zählten zu ihrem Freundeskreis. August Wilhelm Schlegel publizierte in Schillers *Horen* und in dessen *Musenalmanach*, bevor er mit seinem Bruder 1798 das *Athenäum* begründete, die wichtigste programmatische Zeitschrift der Frühromantik. Ihr elitärer Anspruch wirkte sich verheerend auf die Zahl der Käufer aus – nach sechs Heften musste sie 1800 eingestellt werden.

Der Philologe Schlegel bemühte sich um einen umfassenden Blick auf das Panorama der Weltliteratur von den Griechen bis zu den Zeitgenossen. Er publizierte auch auf Lateinisch und Französisch und lieferte anerkannte Übersetzungen der Werke Shakespeares (1797–1810), Dantes und Calderóns.

Werke: ***Über dramatische Kunst und Literatur*** (Vorlesungen, 1809–11); ***Indische Bibliothek*** (Herausgabe altindischer Epen, 1820–30); ***Kritische Schriften*** (1828).

Friedrich Schlegel

geb. Hannover 10. März 1772 –
gest. Dresden 11. oder 12. Januar 1829

»Die wahre Tugend ist Genialität.« (Ideen)

Wie sein älterer Bruder August Wilhelm fand auch Friedrich Schlegel im Studium der Philologie seine Berufung. Zunächst Privatdozent und Privatgelehrter, wurde er in Wien, wo er sich 1808 niedergelassen hatte, Sekretär bei der Hof- und Staatskanzlei. Als Publizist verfasste er offizielle Proklamationen gegen Napoleon, als Diplomat nahm er am Wiener Kongress und beim Deutschen Bundestag in Frankfurt am Main teil.

Um den eigenen künstlerischen Weg zu finden, war es notwendig, mit den Klassikern zu brechen. Auf arrogante und radikale Art übte er Kritik an der Zeitschrift *Die Horen* sowie an einigen Gedichten Schillers, was zur Folge hatte, dass dessen – bislang von Anerkennung geprägtes – Verhältnis zum Bruder August Wilhelm getrübt wurde. Für Goethes Roman *Wilhelm Meisters Lehrjahre* und dessen innovative Organisation fand Friedrich Schlegel 1798 noch rühmende Worte. Die Nachricht von Schlegels Übertritt zum Katholizismus und die flaue Rezension der Werkausgabe Goethes leitete 1808 eine irreparable Entfremdung ein.

Friedrich Schlegels poetische Werke sind heute großteils vergessen, seine eminente Bedeutung liegt vielmehr in seiner Rolle als Vordenker, der mit seinen kritischen, ästhetischen und literaturhistorischen Schriften die geistigen Grundlagen für die romantische Bewegung lieferte.

Wichtige Werke:

Lucinde (Roman, 1799), ein Gegenentwurf zum zeitgenössischen Bildungsroman, ist beispielhaft für die konsequente Realisierung eines offenen Kunstwerks: Die Verschiedenartigkeit der Textsorten, aus denen der Roman zusammengesetzt ist, die Vermeidung erzählerischer Kontinuität und die Vernachlässigung psychologischer Wahrscheinlichkeit trugen dazu bei, die Romantiker beim Publikum in den Ruf avantgardistischer Unverständlichkeit zu bringen. Durch seinen Affront gegen die bürgerliche Ehe und für die Spontaneität sexueller Erfüllung fühlten sich die Leser dermaßen provoziert, dass sich Schlegels Freund Schleiermacher 1800 zur öffentlichen Verteidigung des Buchs aufgerufen sah.

Alarcos (Tragödie, 1802): Ein Drama um sexuelle Begierde, Ehrenselbstmord und Vergewaltigung – doch nicht die Handlung ist bemerkenswert, sondern der experimentelle Charakter, die Mischung mit epischen und lyrischen Elementen. Das Publikum quittierte die Uraufführung in Weimar mit Heiterkeitsausbrüchen.

Weitere Werke: *Geschichte der Poesie der Griechen und der Römer* (1798); *Über Sprache und Weisheit der Indier* (1808); *Über die neuere Geschichte* (Vorlesungen, 1811); *Geschichte der alten und der neuen Literatur* (Vorlesungen, 1815).

Novalis (d. i. Friedrich von Hardenberg)

geb. Oberwiederstedt 2. Mai 1772 –
gest. Weißenfels 25. März 1801

»Wir sind auf einer Mission: zur Bildung der Erde sind wir berufen.« (Blütenstaub)

Novalis stammte aus einer kursächsischen Adelsfamilie, zu der auch der preußische Minister und Staatsreformer Friedrich von Hardenberg zählte. Sein Pseudonym – zu Deutsch »der Neuland Bestellende« – verstand Novalis als Programm: Mit Neuem, das vorerst freilich noch recht unbestimmt war, wollte er das Denken und die Poesie seiner Zeit beseelen.

Novalis gilt als Prototyp des romantischen Dichters, dessen Phantasie Philosophisches, Theoretisches und Dichterisches zum Verschmelzen brachte. Sein Alltag widersprach aber dem Bild vom weltabgewandten Poeten: Als Beamter nahm er seine Berufspflichten genauso ernst wie seine Dichterkollegen E. T. A. Hoffmann oder Franz Grillparzer; außerdem war er in Chemie und Bergbau beschlagen, was für sein Amt als Assistent in der Salinendirektion von Weißenfels wichtig war, das er nach seinem juristischen Examen antrat.

Die Vorlesungen Schillers, die er in seiner Studienzeit in Jena hörte, wurden zu einem frühen Bildungserlebnis – 1791 wachte er während eines schweren Fiebers des Dichters sogar an dessen Krankenbett. Maßgeblicher für seine künstlerische Entwicklung wurde die Bekanntschaft mit Friedrich Schlegel und dem Jenaer Romantikerkreis. 1795 verlobte sich Novalis inoffiziell mit der damals 13-jährigen Sophie von Kühn; ihr Tod zwei Jahre später stürzte den Dichter in eine tiefe Lebenskrise. Noch bevor Novalis eine neue Verbindung mit der Tochter eines renommierten Geologen eingehen konnte, starb er mit 29 Jahren an Tuberkulose.

Wichtige Werke:

Hymnen an die Nacht (1800): Sie sind das einzige umfangreiche poetische Werk von Novalis, das nicht Bruchstück geblieben und noch vor seinem Tod erschienen ist. Entstanden aus Trauer um die früh verstorbene Braut, sind die Texte auch Dokument einer persönlichen Religion, da sie neben Tod, Schmerz, Sehnsucht und Verklärung der Nacht die Synthese von Antike und Christentum zum Gegenstand haben.

Heinrich von Ofterdingen (1802): Unter anderem inspiriert durch Tieck, die *Zauberflöte* Schikaneders und die Sage vom Sängerkrieg auf der Wartburg, hat das in einem idealisierten Mittelalter angesiedelte Romanfragment nicht nur die Entfaltung der Titelgestalt zum Dichter, sondern auch generell die Poesie und ihre mystischen Qualitäten zum Thema. Novalis verfasste die mit Gesprächen, Sagen, Märchen und Liedern angereicherte Erzählung als Antwort auf Goethes *Wilhelm Meister.* Während dort die Anpassung an das tätige bürgerliche Leben und an die Prinzipien der Ökonomie gefeiert wurden, stehen im *Heinrich von Ofterdingen* Entgrenzung und Poetisierung des Lebens im Mittelpunkt. Das Traumbild von der blauen Blume, das beim Titelhelden die unaussprechliche Sehnsucht auslöst, sie betrachten zu können, wurde zum zentralen Symbol der Romantik schlechthin – nicht immer frei von missverständlichen Auslegungen.

Die Christenheit oder Europa (1826): Die Verherrlichung der katholischen Kirche, in der der ursprünglich in pietistischem Geist erzogene Novalis die Antwort auf den universellen Wertezerfall sah, und die damit verbundene Utopie eines europäischen Friedens erschienen zu radikal, um noch zu Lebzeiten oder in der ersten Ausgabe seiner Schriften (1802) nach seinem Tod veröffentlicht zu werden.

Weitere Werke: *Glauben und Liebe oder Der König und die Königin* (wichtigste politische Schrift der Frühromantik, 1798); *Blüthenstaub* (Aphorismen, 1798); *Geistliche Lieder* (1802); *Die Lehrlinge zu Saïs* (Romanfragment, 1802).

Ludwig Tieck

geb. Berlin 31. Mai 1773 –
gest. Berlin 28. April 1853

»O mein Geist, ich fühle es in mir, strebt nach etwas Überirdischem, das keinem Menschen vergönnt ist.« (Franz Sternbalds Wanderungen)

Nach dem Wunsch des Vaters, eines kulturell aufgeschlossenen Seilermeisters, hätte Tieck eigentlich Theologie studieren sollen, doch der Beruf des freien Schriftstellers erwies sich als stärkerer Magnet. Seine literarische Laufbahn begann er als Verfasser trivialer Sensationsromane. Persönlich bekannt war er mit den Frühromantikern Novalis, Wackenroder sowie mit Friedrich und August Wilhelm Schlegel, dessen Übersetzung der Shakespeare-Dramen Tiecks Tochter Dorothea später zusammen mit Wolf Graf von Baudissin vollendete. Tieck – laut Friedrich Hebbel der »König der Romantik« – hinterließ ein umfangreiches Lebenswerk; die kurz nach seinem Tod abgeschlossene Ausgabe seiner Schriften umfasst 28 Bände. Er war tätig als Bearbeiter mittelalterlicher Literatur (Ulrich von Lichtenstein), als Neuentdecker des literarischen Barock, als Shakespeare-Philologe, als Übersetzer des *Don Quixote*, als Rezitator und Rezensent und gilt als Pionier der realistischen Novelle. Seine späten Lebensjahre waren von Resignation überschattet: Gezeichnet von privaten Schicksalsschlägen, musste er erleben, wie sein Lebenswerk angesichts einer immer stärker politisch ausgerichteten Literatur zunehmend als überholt erschien.

Wichtige Werke:

Franz Sternbalds Wanderungen (1798): Zwar blieb das Werk Fragment, doch wurde es nichtsdestoweniger zu einer wichtigen Wegmarke in der Geschichte des deutschen Künstlerromans. Mit der Übernahme des Reisemotivs sowie der Anreihung von Bildungserlebnissen folgt die in der Dürerzeit angesiedelte Handlung äußerlich dem Muster von Goethes Roman *Willhelm Meister*.

Phantasus (1812–16): Nach dem Vorbild von Boccaccios *Decamerone* verknüpft Tieck alte und neue Texte mit einer Rahmenhandlung. Bereits zuvor erschienen waren die Märchen *Der blonde Eckbert* (1797) und *Der Runenberg* (1804) sowie die Komödie *Der gestiefelte Kater* (1797), die das Märchen des französischen Dichters Perrault ironisch gebrochen auf die Bühne bringt, da darin auch das Publikum, das Theaterpersonal und der Dichter auftreten. Zu den neuen Beiträgen zählen die Märchen *Die Elfen* und *Der Pokal*, weiter das Märchenlustspiel *Fortunat*, mit dem Tieck sein anhaltendes Interesse an den Stoffen deutscher Volksbücher dokumentierte.

Weitere Werke: *Abdallah* (Roman, 1795); *Geschichte des Herrn William Lovell* (psychologischer Briefroman, 1795/96); *Kaiser Octavianus* (Drama, 1804); *Des Lebens Überfluss* (Novelle, 1839); *Vittoria Accorombona* (Roman, 1840).

Wilhelm Heinrich Wackenroder

geb. Berlin 13. Juli 1773 –
gest. Berlin 13. Februar 1798

»Aus dieser Verworrenheit erlöst uns, wie mit einem allmächtigen Zauberstabe, die Kunst.« (Phantasien über die Kunst)

Schon als Gymnasiast schloss Wackenroder Freundschaft mit dem nur eineinhalb Monate älteren Tieck, mit dem er später gemeinsam in Erlangen studierte. Die nahe gelegene Dürer-Stadt Nürnberg mit ihren mittelalterlichen Bauten hinterließ bei Wackenroder ein nachhaltiges Kunsterlebnis.
Später arbeitete er als Jurist in Berlin, wo er an Typhus starb.

Werke:

Die anonym erschienenen ***Herzensergießungen eines kunstliebenden Klosterbruders*** (1797) sind Wackenroders wichtigste Arbeit, zugleich auch ein Schlüsselwerk der Frühromantik, das die Theorie der Universalpoesie mitbegründete. Die Vorrede und fünf der 17 darin versammelten Essays, Biographien und Berichte stammen aus der Feder Tiecks. Erstmals artikuliert sich ein neues Kunstverständnis, das sich an Raffael und Dürer orientiert, aus deren Synthese eine neue romantische Kunst erwachsen soll. Die *Herzensergießungen* legten den Grundstein für die Musiktheorie der Romantik und proklamieren die Einheit von Leben, Religion und Kunst.

Auch die Sammlung ***Phantasien über die Kunst, für Freunde der Kunst***, eine 1799 aus dem Nachlass Wackenroders herausgegebene Fortsetzung der *Herzensergießungen*, ist eine Koproduktion mit Tieck.

Ernst Theodor Amadeus Hoffmann

geb. Königsberg 24. Januar 1776 –
gest. Berlin 25. Juni 1822

»Die herrlichsten göttlichsten Wunder geschehen in dem innersten Gemüt des Menschen selbst und diese Wunder soll er laut verkünden, wie er es nur vermag, in Wort, Ton oder Farbe.« (Lebensansichten des Katers Murr)

Hoffmann war gleichermaßen Universalgenie wie literarisch Spätberufener: Erst in seinen letzten 13 Lebensjahren entstanden seine Erzählungen und Romane, in deren Schatten später seine musikalischen Kompositionen und seine graphischen Arbeiten stehen sollten. Bewegt verlief sein Leben – gezeichnet von unglücklichen Affären, privaten Schicksalsschlägen und einer fatalen Neigung zum Alkohol. Seine Berufslaufbahn als Jurist wurde von den Wirrnissen der Napoleonischen Kriege ebenso empfindlich beeinträchtigt wie von persönlichen Skandalen: 1802 wurde er strafversetzt, weil er auf einem Ball die feine Gesellschaft mit Karikaturen verspottet hatte, und 1822 sorgten literarische Attacken gegen einen Berliner

Polizeidirektor für ein Disziplinarverfahren, dessen Ausgang der an fortschreitender Lähmung dahinsiechende Dichter jedoch nicht mehr erlebte.

Hoffmann erzählt in seinen Romanen, Novellen und Märchen vom Abseitigen und vom Wunderbaren, vom Unheimlichen und vom Grotesken, vom Wahnsinn und von den Mächten der Verführung. Seine Helden sind häufig intellektuelle Außenseiter und Sonderlinge, speziell Künstler oder Studenten, also Gestalten, die grenzgängerisch zwischen der Wirklichkeit und dem Reich der Phantasie wandeln und nicht selten daran zugrunde gehen.

Wichtige Werke:

Fantasiestücke in Callot's Manier (1814/15): Hoffmanns erste literarische Publikation umfasst 19 Texte unterschiedlichster Art, darunter das Märchen *Der goldne Topf*, in dem die zeitgenössische Realität der Bürgerwelt Dresdens mit phantastischem Zauber- und Hexenspuk zu einem unentwirrbaren Ganzen verschmilzt.

Kunstgespräche zwischen vier Freunden verbinden die etwa dreißig Erzählungen der Sammlung ***Die Serapionsbrüder*** (1819–21) miteinander. Zu den berühmtesten zählen *Das Fräulein von Scuderi*, die erste historische Detektivgeschichte der deutschen Literatur, sowie das Märchen *Nußknacker und Mausekönig*, das es in der Ballettfassung Tschaikowskys (1892) zu Weltruhm brachte.

Den geradezu avantgardistischen Eindruck einer Montage in Romanform vermitteln die ***Lebensansichten des Katers Murr*** (1819/21). Ein Setzer vermengt bei seiner Arbeit das Manuskript einer romantischen Kapellmeisterbiographie mit der wichtigtuerisch-belanglosen Lebensgeschichte eines

Katers – Resultat ist ein heilloses Chaos, in dem das Modell des Künstlerromans mit dem einer Bildungsromanparodie in Wechselwirkung tritt.

Weitere Werke: *Undine* (Oper, 1816); *Die Elixiere des Teufels* (Roman, 1815/16); *Nachtstücke* (Erzählungen, 1816/17; darin u. a.: *Der Sandmann*); *Klein-Zaches genannt Zinnober* (Märchen, 1819); *Prinzessin Brambilla* (Märchen, 1820); *Meister Floh* (Märchen, 1822); *Des Vetters Eckfenster* (Erzählung, 1822).

Joseph Görres

geb. Koblenz 25. Januar 1776 –
gest. München 29. Januar 1848

»Die Nation ist nicht einem toten Felsen ähnlich, dem der Meißel willkürlich jedes Bild eingraben kann, es muß etwas ihm Zusagendes in dem sein, was man von ihr aufgenommen wissen will [...].« (Die teutschen Volksbücher)

Schon früh engagierte sich der Holzhändlerssohn Görres unter dem Eindruck der Französischen Revolution als politischer Publizist. Seine 1814 gegründete patriotische Zeitschrift *Rheinischer Merkur* bezeichnete Napoleon als »fünfte feindliche Großmacht«. Später erhielt dieses Presseorgan einen verstärkt antiabsolutistischen Zuschnitt und wurde 1816 verboten. Seiner Verhaftung durch die preußische

Polizei entzog sich der politisch Unbequeme 1819 durch Flucht. Bereits als Dreißigjähriger hatte sich Görres in Heidelberg habilitiert; vom bayerischen König wurde er 1826 als Professor für Geschichte und Literaturgeschichte an die Universität München berufen. Den Ruf eines Universalgeists hatte Görres schon zu Lebzeiten – sein Interesse galt ebenso der orientalischen Mythologie wie der christlichen Mystik oder auch den Kelten. 28 Jahre nach seinem Tod wurde die Görres-Gesellschaft gegründet, mit dem Ziel, die Symbiose von Wissenschaft und katholischem Geist zu fördern.

Werke:

Unter dem Einfluss Arnims und seines ehemaligen Mitschülers Brentano befasste sich Görres mit ebenso populären wie bislang diskriminierten Lesestoffen (***Die teutschen Volksbücher***, 1807). Trotz aller Vorurteile, Irrtümer und mittlerweile überholter Standpunkte handelt es sich dabei um eine germanistische Pioniertat.

Weniger enthusiastisch, dafür wissenschaftlicher ist seine Sammlung ***Altteutsche Volks- und Meisterlieder*** (1817), entstanden auf Grundlage von Handschriften aus der Heidelberger Bibliothek.

Friedrich de la Motte Fouqué

geb. Brandenburg 12. Februar 1777 –
gest. Berlin 23. Januar 1843

»Aus dunst'gem Tal die Welle, / Sie rann und sucht' ihr Glück! / Sie kam ins Meer zur Stelle / Und rinnt nicht mehr zurück.« (Undine)

Fouqué stammte aus einer hugenottischen Emigrantenfamilie. Er diente in der preußischen Armee und nahm 1794 am Rheinfeldzug teil. Seine Gedichte, die er zur Zeit der Befreiungskriege verfasste, waren im Heer weit verbreitet. Fouqués patriotische, aristokratische und vielfach als starr empfundene konservative Haltung qualifizierten ihn in seinen letzten drei Lebensjahren zum Redakteur der »Zeitschrift für den deutschen Adel«.

Werke:

Die romantische Idee der Naturbeseelung verschlüsselte Fouqué in seinem bis heute bekanntesten Werk, dem melancholischen Prosamärchen ***Undine*** (1811). Es handelt von einer Nixe, die aus Hingabe zu einem Ritter eine Seele annimmt. Eine dauernde Verbindung erweist sich aber als unmöglich: Der Mann verlässt Undine und wird, nachdem er eine andere geheiratet hat, von ihr getötet. Dutzende Male wurde dieser Stoff vertont; die erste *Undine*-Oper komponierte E. T. A. Hoffmann zum Libretto aus Fouqués Feder.

Fouqué war vom Mittelalter fasziniert und faszinierte mit seinen von Ritter- und Heldenromantik durchtränkten Werken ein breites Publikum: *Das Galgenmännlein* (Gespenstergeschichte, 1810), *Der Zauberring* (Ritterroman, 1813), *Zaubermärchen* (zusammen mit Carl Wilhelm Salice-Contessa und E. T. A. Hoffmann, 1816/17).

Obwohl der Ruhm des Vielschreibers ab 1820 zu schwinden begann, blieb Fouqués Wirkung international. So griffen unter anderem Sir Walter Scott, Robert Louis Stevenson, Hans Christian Andersen, Jean Giraudoux (Schauspiel *Ondine*, 1938) oder Ingeborg Bachmann (Prosastück *Undine geht*, 1961) auf seine Stoffe zurück. Seine Trilogie *Der Held des Nordens* (1810) ist die erste dramatische Bearbeitung der Nibelungensage und blieb – wie *Der Sängerkrieg auf der Wartburg* (1828) – nicht ohne Einfluss auf Richard Wagner.

Ernst August Friedrich Klingemann

geb. Braunschweig 31. August 1777 –
gest. Braunschweig 24. oder 25. Januar 1831

»O Freund Poet, wer jetzt leben will, der darf nicht dichten!« (Nachtwachen)

Hinter dem Pseudonym »Bonaventura«, dem Autor der 1804 erschienenen *Nachtwachen*, verbarg sich lange Zeit eines der größten Rätsel der deutschen Literaturgeschichte. Als mögliche Verfasser wurden unter anderem Brentano, E. T. A. Hoffmann, Jean Paul, Johann Karl Wezel sowie der Philosoph Schelling genannt, bis das Problem 1973 von dem Germanisten Jost Schillemeit gelöst wurde. Seine Zuschreibung an den Publizisten Ernst August Friedrich Klingemann wurde einige Jahre später durch einen autobiographischen Manuskriptfund in Amsterdam bestätigt.

Klingemann war später mehr als eineinhalb Jahre als Dramaturg und Theaterdirektor tätig; 1829 brachte er Goethes *Faust* erstmals auf die Bühne.

Werke:

Nachtwachen. Von Bonaventura (1804): Das in 16 Abschnitte gegliederte Werk zählt zu den sprachlich anregendsten und ästhetisch provokantesten Schöpfungen der Frühromantik. Es handelt sich dabei um keinen Roman im herkömmlichen Sinn, sondern um ein Textgemisch aus Briefen, Tagebucheintragungen, Redeteilen und dramatischen Einschüben – insgesamt eine satirische, anspielungsreiche Abrechnung mit der zeitgenössischen Gesellschaft und Literatur. Nicht Ordnung, sondern Chaos bestimmt die Struktur des Texts. Eine Einheit der Handlung ist nur schwer auszumachen, und die darin vorgestellte Lebensgeschichte eines verbitterten Künstlers ist nicht nur von zahlreichen Abschweifungen unterbrochen, sondern auch chronologisch gegen den Strich erzählt: Sie beginnt am Ende und endet mit der Geburt. Extreme Deutungen gehen sogar so weit, dass sie eine parodistische Negation der Romantik aus dem vom Geist des Nihilismus getragenen Text herauslesen.

Ansonsten verfasste Klingemann Zeitungs- und Zeitschriftenbeiträge sowie Romane und Trauerspiele von epigonalem Zuschnitt.

Clemens Brentano

geb. Ehrenbreitstein 9. September 1778 –
gest. Aschaffenburg 28. Juli 1842

»Alles will das Herz umfangen, / Nur verlangen, nie erlangen …« (An Friedrich Karl von Savigny, 22. Juni 1802)

Das aus einer alten, ursprünglich in Italien verwurzelten Kaufmannsfamilie stammende literarische Multitalent war künstlerisch vorbelastet: Seine Großmutter Sophie von La Roche gilt als wichtigste Schriftstellerin der deutschen Aufklärung. Zu einer bürgerlichen Laufbahn fühlte sich der junge Mann wenig berufen, zumal ihm die Zinsen aus seinem Erbteil später eine lebenslange Versorgung garantieren sollten. Seine Stelle als Handelsgehilfe und seine Versuche, in verschiedenen Studienzweigen Fuß zu fassen, vermochten ihn weit weniger zu fesseln als die Schriftstellerei, die durch den Kontakt zu den Jenaer Frühromantikern gefördert wurde.

Entscheidend für seine literarische Existenz wurde seine lebenslange Freundschaft mit Achim von Arnim, der 1811 Brentanos Schwester Sophie heiratete. Die Liedersammlung *Des Knaben Wunderhorn* (1805/08), die die beiden Freunde herausgaben, spiegelt die romantische Vorstellung von Volkskultur wider.

1817 beschloss Brentano, sich für den Rest seines Lebens in den Dienst der katholischen Publizistik zu stellen und zur Erneuerung der Frömmigkeit in Deutschland beizutragen.

Wichtigstes Dokument aus seinen letzten Lebensjahrzehnten sind die Visionen der stigmatisierten Nonne Anna Katharina Emmerich, die er aufzeichnete und 1833 anonym herausgab.

Wichtige Werke:

Godwi oder Das steinerne Bild der Mutter (1801): Unter dem Einfluss von Goethe, Tieck und Friedrich Schlegel entstanden, hält das chaotische Werk das, was sein Untertitel (ein »verwildeter Roman«) verspricht: Die erzählte Geschichte ist allenfalls Vorwand dafür, um verschiedene Textsorten zusammenzuhalten. Literarisches Nachleben blieb den lyrischen Einschüben beschert, darunter der ersten Gestaltung des Loreley-Stoffes (*Zu Bacharach am Rheine*).

Ponce de Leon (1804): Wortwitz hat in dieser Komödie Vorrang gegenüber der Bühnentauglichkeit. Zwar ging das Werk 1801 bei einem von Goethe und Schiller veranstalteten Preisausschreiben für das beste Intrigenstück leer aus, sein Einfluss auf Büchners Lustspiel *Leonce und Lena* (postum ersch. 1842) ist für einige Forscher aber unverkennbar.

Geschichte vom braven Kasperl und dem schönen Annerl (1817): Brentanos berühmteste Erzählung ist dank ihrer souveränen Verknüpfung von Rahmen- und Binnenhandlung eine der ersten streng gebauten Novellen der deutschen Literatur und zugleich eines der frühesten Beispiele sowohl für die Dorf- als auch für die Kriminalgeschichte. Mit dem Blick des Realisten übt der Autor Kritik an einem falsch verstandenen Ehrbegriff: Der Soldat Kasperl bringt sich um, nachdem er vom verbrecherischen Treiben seines Vaters und seines Bruders gehört hat; Annerl, seine Liebste, wird von einem Adeligen verführt, tötet ihr Kind und wird dafür hingerichtet.

Gockel, Hinkel und Gackeleia (1838): Anders als die naiven grimmschen Märchenerzählungen, für deren Sammlung Brentano indirekt verantwortlich zeichnet, steckt dieses – nach einer italienischen Vorlage gestaltete – Kunstmärchen voller Abschweifungen und Anspielungen und ist mit ironischen und satirischen Elementen versehen.

Weitere Werke: *Romanzen vom Rosenkranz* (fragmentarisches Epos, entst. 1802–12); *Rheinmärchen* (entst. 1810–12, veröff. 1844/45); *Die Gründung Prags* (Drama, 1815); *Aus der Chronika eines fahrenden Schülers* (Fragment, 1818).

Achim von Arnim

geb. Berlin 26. Januar 1781 –
gest. Wiepersdorf (Mark Brandenburg) 21. Januar 1831

»Alles geschieht in der Welt der Poesie wegen.« (Brief an Clemens Brentano, 9. September 1802)

Arnims erste Publikationen waren naturwissenschaftliche Untersuchungen, die sich mit Magnetismus, Bergbau oder – für die Romantiker besonders reizvoll – Elektrizität befassten. Für eine stärkere Gewichtung des Politischen innerhalb der romantischen Bewegung waren sowohl seine antinapoleonische Gesinnung als auch seine Vision von einem deutschen Nationalstaat mitverantwortlich, den er durch gemeinsame Geschichte, Sprache und Kultur definiert sah.

In diesem Sinne sollte auch die von ihm mitherausgegebene *Zeitung für Einsiedler* (1808) wirken. Bedeutsamer als dieses recht kurzlebige Projekt erwies sich die Liedersammlung *Des Knaben Wunderhorn* (1805–08), die er mit seinem Freund und späteren Schwager Clemens Brentano zusammenstellte.

Wichtige Werke:

Ein Geheimbund betreibt die Restauration der Stauferherrschaft: Mit diesem Plot begründete Arnims Fragment ***Die Kronenwächter*** (1817) die Tradition des historischen Romans in Deutschland, ohne dabei konsequent auf geschichtliche Stimmigkeit zu achten. So sind sagenhafte Elemente und Anachronismen in ein umfassendes Gemälde der Reformationszeit eingewoben.

Der tolle Invalide auf dem Fort Ratonneau (1818): Ein durch eine Kopfverletzung wahnsinnig gewordener Artillerist bedroht die Stadt Marseille, die bedingungslose Liebe seiner deutschen Frau sorgt jedoch für die Heilung des Tobsüchtigen und bringt die Wendung zum Guten. Das Geschehen der an Kleist geschulten Novelle ist sowohl deutbar als Wundergeschichte, als realistische Psychologisierung der Verfassung des Verletzten wie auch als politische Utopie: die Entschärfung des Pulverfasses Europa durch einen Ausgleich zwischen Frankreich und Deutschland.

Weitere Werke: *Hollins Liebeleben* (Briefroman in *Werther*-Tradition, 1802); *Der Wintergarten* (Novellenzyklus, 1809); *Armut, Reichtum, Schuld und Buße der Gräfin Dolores* (Eheroman, 1810); *Halle und Jerusalem* (Drama, 1811); *Isabella von Ägypten* (Erzählung, 1812); *Die Majoratsherren* (Erzählung, 1822).

Adelbert von Chamisso

geb. Schloss Boncourt (Champagne) 27. oder 30. Januar 1781 – gest. Berlin 21. August 1838

»Die Weltereignisse vom Jahre 1813, an denen ich nicht tätigen Anteil nehmen durfte – ich hatte ja kein Vaterland mehr, oder noch kein Vaterland, – zerrissen mich wiederholt vielfältig, ohne mich von meiner Bahn abzulenken.« (Reise um die Welt)

Die Auseinandersetzung mit dem Eigenen und dem Fremden bildet eine Konstante in Chamissos Biographie. Er stammte aus einer französischen Adelsfamilie, die wegen der Revolution ihr Land verlassen hatte und sich in Berlin niederließ. Erst mit 15 Jahren lernte Chamisso Deutsch. Die Frage nach der eigenen Identität beschäftigte den jungen Dichter vor allem während der Zeit der Napoleonischen Kriege: Der gebürtige Franzose, der jahrelang in der preußischen Armee gedient und es dort bis zum Leutnant gebracht hatte, konnte 1813 die Begeisterung der Deutschen über die Niederlage des Korsen nicht teilen. Zwischen 1815 und 1818 nahm Chamisso an einer russischen Expedition in die Südsee teil. Den Ertrag hielt er später in naturwissenschaftlichen und völkerkundlichen Schriften fest (z.B. *Über die Hawaische Sprache*, 1837). Mit seiner Heirat (1819) und einer zwei Jahrzehnte währenden Anstellung im Botanischen Garten von Berlin fanden die Jahre der Unrast ihr Ende.

Werke:

Peter Schlemihls wundersame Geschichte (1814): Das Existenzielle, Chamissos Grundproblem, ist in dieser Erzählung durch die Form des Märchens maskiert. Dennoch konnten die darin auftauchenden phantastischen Motive wie Teufelspakt, Doppelgänger und Siebenmeilenstiefel nicht verhindern, dass die Geschichte von Anfang an autobiographisch verstanden wurde. Wie Chamisso fühlt sich der Titelheld abseits der Gesellschaft, nachdem er einem mysteriösen Mann im grauen Rock seinen Schatten verkauft hat. Er erhält dafür einen Geldsack, der nie leer wird, doch kann ihn der grenzenlose Reichtum nicht für die soziale Isolation entschädigen, die er als Schattenloser erfahren muss. In einem Essay von 1911 wollte Thomas Mann die weltweit berühmte Erzählung so verstanden wissen, dass darin mit der Entfremdung von der Umwelt die Urproblematik des Künstlers schlechthin dargestellt werde.

Lyrik: Chamisso, der sich auch in späteren Jahren fortschrittlichen Ideen gegenüber sehr aufgeschlossen zeigte, erwies sich durchaus als realistischer Beobachter seiner Zeit – etwa in *Das Dampfroß* (1830), dem ersten deutschen Eisenbahngedicht, oder in *Die alte Waschfrau* (1833). Die Gedichtsammlung *Frauenliebe und -leben* (1830) wurde 1840 von Robert Schumann vertont. In seinen Balladen zeigte sich der Dichter von Bürger und Uhland beeinflusst: *Deutsche Volkssagen* (1831; darin: *Das Riesenspielzeug*).

Jacob Grimm

geb. Hanau 4. Januar 1785 –
gest. Berlin 20. September 1863

Wilhelm Grimm

geb. Hanau 24. Februar 1786 –
gest. Berlin 16. Dezember 1859

»Was haben wir denn gemeinsames als unsre sprache und literatur?« (Vorwort zum ersten Band des Wörterbuchs)

Die Lebensläufe der zwei Brüder weisen auffällige Ähnlichkeiten auf. Nach dem frühen Tod des Vaters erhielten beide trotz schwieriger Lebensumstände die Chance zu höherer Schulbildung. Beide studierten Jus, bevor sie sich der Sprach- und Literaturwissenschaft zuwandten und zu den Vätern der modernen Germanistik wurden. Beide waren an der Bibliothek in Kassel tätig und erhielten später eine Professur in Göttingen. Ihr Protest gegen die Rücknahme der liberalen Verfassung im Königreich Hannover 1837 weist sie als bedingungslose Demokraten aus; die Strafe für ihre Gesinnung war die Entlassung von der Universität und der Landesverweis. In Berlin wurden sie später zu Mitgliedern der Akademie der Wissenschaften. Trotz dieser biographischen Parallelen und des Umstands, dass beide Brüder sehr aneinander hingen, sind die Unterschiede unverkennbar: Jacob war die robustere Natur und der verbissenere Arbeiter, während Wilhelm – der im

Gegensatz zu seinem Bruder eine Ehe einging – die dichterischere Veranlagung besaß.

Gemeinsame Werke:

Die ***Kinder- und Hausmärchen*** (1812–15) sind das weltweit erfolgreichste und am meisten verbreitete Werk der deutschen Literatur. Angeregt wurde es durch Clemens Brentano, als Gegenstück zur Liedersammlung *Des Knaben Wunderhorn*. Dass die Grimms über Land zogen und sich von Bäuerinnen Geschichten erzählen ließen, gehört ins Reich der Erfindung; die Märchen – aber auch Legenden, Schwänke oder Gruselerzählungen – stammten mehrheitlich von Bürgersfrauen, die bei den Brüdern zu Gast waren. Zunächst war die Sammlung als wissenschaftliches Werk geplant, versehen mit Anmerkungen zu Quellen und Varianten. Den Weg zum Kinderklassiker schlug sie mit der zweiten Auflage (1819) ein, und zwar durch das stilistische Talent Wilhelms, der die Geschichten überarbeitete und so den typischen Märchenton fand. Insgesamt enthalten die *Kinder- und Hausmärchen* an die 200 Texte.

Im Gegensatz zu den Märchen verließ sich die in zehnjähriger Arbeit zusammengetragene Sammlung von nahezu 600 ***Deutschen Sagen*** (Ortssagen 1816, geschichtliche Sagen 1818) fast ausschließlich auf schriftliche Quellen.

Deutsches Wörterbuch (1854 ff.): Das Ziel, ein Verzeichnis des gesamten Wortschatzes ab der zweiten Hälfte des 15. Jahrhunderts zusammenzustellen, forderte den beiden schon betagten Gelehrten trotz zahlreicher Mitarbeiter alle Kräfte ab. Nicht nur sollten Wortgeschichte und Bedeutungsnuancen durch zahllose Belege dokumentiert werden, das Werk verstand sich auch als Beitrag zur politischen Einheit Deutschlands. Das Monumentalprojekt gedieh zu Lebzeiten der beiden Grimms nur zum Buchstaben ›F‹. Erst 1961 – nach 123 Jahren und auf insgesamt 32 Bände angewachsen – fand das Werk seinen Abschluss.

Wichtige Werke Jacob Grimms: ***Deutsche Grammatik*** (1819–1837); ***Deutsche Rechtsaltertümer*** (1828); ***Deutsche Mythologie*** (1835); ***Geschichte der deutschen Sprache*** (1848; von Jacob als sein bestes Werk angesehen).

Wichtige Werke Wilhelm Grimms: ***Über deutsche Runen*** (1821); ***Die deutsche Heldensage*** (1829).

Bettina von Arnim (geb. Brentano)

geb. Frankfurt 4. April 1785 –
gest. Berlin 20. Januar 1859

»Das Leben des Weibes ist fester und unbeweglicher als das Leben des Mannes, das Weib berührt die Menschen näher und muss Segen über ihre Umgebung verbreiten.« (Clemens Brentanos Frühlingskranz)

Erst als Siebenjährige lernte Bettina Brentano ihren Bruder Clemens kennen. Der von ihr 1844 herausgegebene Jugendbriefwechsel dokumentiert dessen Erziehungseinfluss ebenso wie die Emanzipationsversuche der Schwester. 1811 ehelichte sie Achim von Arnim, dessen *Sämtliche Werke* sie nach seinem Tod herausgab. Als gemäßigte Revolutionärin trat sie für Demokratie und Frauenrechte ein und prangerte soziale Missstände an (*Dieses Buch gehört dem König*, 1843).

Wichtige Werke:

Goethes Briefwechsel mit einem Kinde (1835): Bettina Brentano war eine leidenschaftliche Verehrerin des 36 Jahre älteren Goethe. 1811 führte eine Handgreiflichkeit zwischen ihr und Goethes Gattin Christiane zum Bruch. Inwieweit das phantasievoll ausgestaltete Erinnerungsbuch als authentische Quelle für Goethes Privatleben dienen kann, hat die Forscher lange Zeit beschäftigt.

Die Günderode (1840): Die Dichterin Karoline von Günderode stand den Jenaer Frühromantikern nahe. 1806 erstach sie sich wegen einer unglücklichen Liebesbeziehung. Ihre Freundin Bettina Brentano verarbeitete die Korrespondenz mit ihr zu einer Art Briefroman.

Ludwig Uhland

geb. Tübingen 26. April 1787 –
gest. Tübingen 13. November 1862

»Versunken und vergessen! Das ist des Sängers Fluch.« (Des Sängers Fluch)

Im 19. Jahrhundert wurde Uhland nicht selten noch in einem Atemzug mit Goethe oder Schiller genannt, mittlerweile ist sein dichterischer Ruhm verblasst. Die Vielfalt seiner Begabungen und Tätigkeiten beeindruckt aber noch immer: Als Jurist bezog er Position im württembergischen Verfassungsstreit, als Politiker war er Landtagsabgeordneter und hatte 1848 ein Mandat in der Frankfurter

Nationalversammlung inne. Als Philologe befasste er sich unter anderem mit nordischer Mythologie und den Sagen seiner schwäbischen Heimat, veröffentlichte die erste große Darstellung über Walther von der Vogelweide (1822) und gab die Gedichte Friedrich Hölderlins heraus (1826).

Werke:

Dichterisch profilierte sich Uhland in erster Linie als Lyriker (***Vaterländische Gedichte***, 1817). Seine ***Balladen*** zählten lange Zeit zum Grundbestand deutscher Lesebücher: ***Des Sängers Fluch, Schwäbische Kunde, Das Glück von Edenhall.*** Die Darstellung dramatischer Spannungen war hingegen nicht unbedingt sein Metier, wie die vaterländischen Theaterstücke ***Ernst, Herzog von Schwaben*** (1818) und ***Ludwig der Bayer*** (1819) beweisen.

Joseph von Eichendorff

geb. Schloss Lubowitz (Oberschlesien) 10. März 1788 –
gest. Neiße 26. Februar 1857

»[L]aßt die Andern nur ihre Kompendien repetieren, wir studieren unterdes in dem großen Bilderbuche, das der liebe Gott uns draußen aufgeschlagen hat!« (Aus dem Leben eines Taugenichts)

Die Umbrüche, die durch die napoleonischen Kriege bewirkt wurden, gingen auch am eichendorffschen Familienbesitz nicht vorüber, wo der spätere Dichter im Geiste des Katholizismus erzogen worden war. Die wirtschaftliche La-

ge zwang zunächst zur Ausbeutung des Waldbesitzes, schließlich gingen die Güter nach Napoleons Niederlage durch Überschuldung verloren. So war der junge Landadelige schon früh zu bescheidener Lebensführung gezwungen und musste einen Beruf erlernen. Nach Studium in Halle und Heidelberg, wo er in Kontakt mit der romantischen Bewegung kam, schlug er zusammen mit seinem Bruder die Beamtenlaufbahn ein und immatrikulierte 1810 an der Universität Wien, wo er sein Jus-Studium zwei Jahre später mit Auszeichnung abschloss. Während der Befreiungskriege gegen Napoleon diente er im Lützowschen Freikorps (1813). Nach Napoleons Rückkehr von Elba (1815) meldete sich Eichendorff erneut freiwillig und rückte nach der Schlacht von Waterloo mit der preußischen Armee in Paris ein. Der Rest seines Lebens verlief weitgehend unspektakulär: Er versah seinen Dienst als preußischer Verwaltungsbeamter bis 1844 ebenso pflichtbewusst wie leidenschaftslos und führte jahrzehntelang eine glückliche Ehe.

Wichtige Werke:

Ahnung und Gegenwart (1815): Nach dem Muster sowohl eines Künstler- als auch eines Bildungsromans werden zwei kontrastierende Lebensläufe erzählt, wobei die Natur als Spiegel seelischer Vorgänge dient. Der dem Werk innewohnende Zug zur Weltflucht reflektiert Eichendorffs Persönlichkeit. Bei der Arbeit wurde der Dichter von Dorothea Schlegel unterstützt; herausgegeben wurde der Romanerstling von Friedrich de la Motte Fouqué.

Das Marmorbild (1819): Im Mittelpunkt der Novelle stehen das Motiv der belebten Statue und der Lebensweg des Dichters Florio von der verführerischen und dämonischen Erotik des Heidentums hin zum Christentum.

Aus dem Leben eines Taugenichts (1826) erzählt von einem Müllerssohn, der vor dem gleichförmigen Spießbürgerdasein flüchtet, bis nach Italien kommt und nach einer Reihe von Abenteuern sein Glück findet. Die Novelle gilt dank ihrer durchsichtigen Struktur und ihres sonnigen Optimismus als beliebteste Erzählung Eichendorffs, nicht zuletzt auch wegen der populär gewordenen Gedichte (*Wem Gott will rechte Gunst erweisen*), die – dem Muster von *Ahnung und Gegenwart* folgend – in die Handlung eingestreut sind.

Das Schloss Dürande (1836): Entstanden unter dem Eindruck der Julirevolution 1830, verbindet die Novelle die politische Thematik von der Auflösung der Feudalgesellschaft während der Französischen Revolution mit einer tragisch endenden Liebesgeschichte zwischen einem Adeligen und einer Bürgerlichen.

Lyrik: Wald und Bäche, Schlösser und Gärten, Dämmerung und Nacht, Jagdhörner und Glockengeläut, Frühling und Wandern, Sehnsucht und Aufbruch – all das gehört zum konstanten Bildervorrat, aus dem Eichendorffs Gedichte schöpfen. Der beharrliche Rückgriff auf immer dieselben Motive mag zwar als Abwehr gegen die Dynamik der anbrechenden industriellen Revolution verstanden werden, doch gewinnen sie in neuen Zusammenhängen stets neue Wertigkeiten. Da sie einen schlichten, an *Des Knaben Wunderhorn* geschulten Tonfall kultivieren, sind Eichendorffs kurze, volksliedhafte Gedichte für viele zum Inbegriff deutscher Poesie schlechthin geworden und wurden von zahlreichen

Komponisten vertont, darunter Schubert, Mendelssohn, Schumann, Brahms und Richard Strauss. Berühmte Beispiele: *Frische Fahrt, Zwielicht, Im Abendrot, Weihnachten, Mondnacht, Winternacht, Waldgespräch, Das zerbrochene Ringlein.*

Weitere Werke: *Viel Lärmen um nichts* (Satire, 1832); *Die Freier* (Lustspiel, 1833); *Dichter und ihre Gesellen* (Roman, 1834); *Geschichte der poetischen Literatur Deutschlands* (1857).

Wilhelm Müller

geb. Dessau 7. Oktober 1794 oder 1795 –
gest. Dessau 30. September (oder 1. Oktober) 1827

»Eine Straße muss ich gehen, / Die noch keiner ging zurück.« (Der Wegweiser)

Die Liebe zur Dichtkunst brachte den Schneidersohn Müller mit gleichgesinnten Adeligen zusammen. 1820 wurde er herzoglicher Bibliotheksverwalter in Dessau. Kontakte pflegte er u. a. mit den schwäbischen Dichtern Uhland und Hauff.

Werke:

Müller entzündete sich für den Freiheitskampf der Griechen gegen die Türken und schrieb dazu Gedichte – von den Zeitgenossen erhielt er deshalb den Namen »Griechen-Müller«.

Dauerhaften Ruhm erwarb er sich mit seinen Liederzyklen *Die schöne Müllerin* (1820; darin: *Das Wandern ist des Müllers Lust*) und *Winterreise* (1824; darin: *Der Lindenbaum*) – beide berühmt durch die Vertonungen von Franz Schubert. In den letzten Jahren hat die Literaturwissenschaft immer mehr den poetischen Eigenwert dieser melancholischen Dichtungen gegenüber der Musik erkannt.

Wilhelm Hauff

geb. Stuttgart 29. November 1802 –
gest. Stuttgart 18. November 1827

»Ich weiß, daß mir die Natur ein Talent gegeben hat, irgend einen Stoff mit einiger Leichtigkeit so zu wenden und so zu behandeln, daß er für die Menge ergötzlich und unterhaltend, für Viele intereßant, für Manche sogar bedeutend ist.« (Brief an Moritz Pfaff, September 1826)

Der Sohn eines Regierungsbeamten studierte Theologie in Tübingen. Mit Ablegung seiner Dienstprüfung 1825 setzte eine ebenso intensive wie kurze Publikationstätigkeit ein. Kurz vor seinem 25. Geburtstag starb der Dichter an Gehirngrippe.

Werke:

Hauff, zwischen Spätromantik und Biedermeier stehend, ist als Gegengestalt zu den Frühromantikern zu sehen:

Waren diese theorieorientiert und traten für die Neugestaltung des Kunstbewusstseins ein, ohne dabei mit ihrer elitären Programmatik auf breite Resonanz zu stoßen, so legte Hauff weniger innovative Inspiration als geschicktes Arrangement von Vorgefundenem an den Tag, was ihm enormen Publikumserfolg als Unterhaltungsschriftsteller bescherte.

Geschickt passte er sich den Anforderungen verschiedenster Genres an – etwa mit ***Lichtenstein*** (1825), einem Buch, das in Deutschland entscheidend zur Verbreitung des historischen Romans nach dem Modell Sir Walter Scotts beitrug. Wie stark das Echo auf diese Geschichte aus dem Württemberg des 16. Jahrhunderts war, kann man daran ermessen, dass 1840/41 an der Stelle der 1802 abgebrochenen Burg Lichtenstein ein neuromantischer Bau nach der Vorlage des Romans errichtet wurde.

An E. T. A. Hoffmann geschult, zeigt Hauff sich in seiner Erzählung ***Phantasien im Bremer Ratskeller*** (1827). Seinen Roman ***Der Mann im Mond*** (1825) gab er als Parodie auf den zeitgenössischen Erfolgsschreiber H. Clauren (ein Anagramm aus Carl Heun) aus, der daraufhin einen Prozess gegen den Verlag anstrengte.

Wenig beachtet blieben zu Lebzeiten die Ausgaben seines ***Märchen-Almanachs*** (1826–28). Die darin versammelten Geschichten – etwa vom *Kalif Storch*, vom *Kleinen Muck* oder vom *Zwerg Nase* – verzichten auf die in der Romantik sonst gängige symbolische Verschlüsselung oder die Gestaltung einer ambivalenten Wirklichkeit. Sie bieten vielmehr kindgerechte Umgestaltungen älterer Stoffe, was sie zu den bis heute populärsten Kunstmärchen der deutschen Literatur gemacht hat.

4. Thematik, Gattungen, Stil

Romantisches Erzählen

Skepsis gegenüber dem Roman

Noch im 18. Jahrhundert war der Roman ein gering geschätztes Genre. Künstlerisch galt er als zweifelhaft, weil er nicht durch die Poetiken der Antike legitimiert war. Zudem befürchteten besorgte Zeitgenossen, dass das Seelenleben der Romanleser und -leserinnen nachhaltig in Unruhe versetzt werden könnte – Suchtgefahr war nicht ausgeschlossen!

Goethes Wilhelm Meister

Goethes Bildungsroman *Wilhelm Meisters Lehrjahre* (1795/96) schuf ein literarisches Modell, an dem sich künftige Autorengenerationen ernsthaft messen konnten. Sowohl in ästhetischer wie in ethischer Hinsicht bot er ein Muster, das unterschiedlichste Antworten provozierte: Die Abenteuer- und Zufallsdramaturgie wurde zurückgenommen und die Handlung stattdessen ins Innere der Persönlichkeit verlagert, indem diese mit verschiedenen Faktoren konfrontiert wurde, die ihre Reifung beeinflussen.

Romanform und Universalpoesie

Für die Romantiker bot sich der Roman zur Gestaltung ihrer universalen Kunstkonzepte als ideale Form an. Das dichtende Subjekt konnte sich darin in völliger Autonomie in Szene setzen, zumal die Gattung von keiner langen poetologischen Normendiskussion belastet war. Der Roman eröffnete nicht nur die Chance, einen umfassenden Blick auf die Welt zu gewinnen, er war auch jenes Genre, in dem sich das Aufheben der Gattungsgrenzen am ehesten realisieren ließ: »Ja, ich kann mir einen Roman kaum anders denken, als gemischt aus Erzählung, Gesang und anderen Formen«, schrieb Friedrich Schlegel 1800 in seinem *Brief über den Roman*. Das Ineinander verschiedenster Textsorten – wie Gespräch, Gedicht oder Singspiel –, die Möglichkeit zum Perspektivenwechsel, die Einbeziehung von Zufälligem und Spielerischem, die Konstruktion einer »Neuen Mythologie« (wie die Loreley-Sage in Brentanos Roman *Godwi*), nicht zuletzt auch die Freiheit, den Text als Fragment offenzulassen – alles war im künstlerischen Versuchsraum des Romans machbar.

Kein Wunder, dass die romantische Erzählliteratur von fast avantgardistisch anmutenden Experimenten durchzogen ist. So nimmt ein Roman wie E. T. A. Hoffmanns *Lebens-Ansichten des Katers Murr* in seiner Anwendung der Montagetechnik bereits das Verfahren der Materialästhetik vorweg, das nach dem Ersten Weltkrieg zum Durchbruch kam. Ein anderes Prinzip, das die Romantiker in ihren Erzähltexten anwendeten, ist jenes der romantischen Ironie. Dabei handelt es sich um das dialektische Instrument des Skeptikers, durch permanentes Infragestellen einen harmonischen Ausgleich zu verhindern und damit den geistigen Fortschritt in Gang zu halten. Romantische Ironie ist das Antriebsmittel des intellektuellen Diskurses, der auf kein endgültiges Ziel hin argumentiert, sondern zu einem unendlichen Prozess wird. In letzter Konsequenz stellt sich das Kunstwerk damit selbst in Frage, indem es Brüche konstruiert, die die Aufmerksamkeit bewusst auf sein Gemachtsein und auf die Illusion lenken, etwa durch das Auflösen der Logik und

Montage und romantische Ironie

der Chronologie oder durch das Auftreten des Dichters selbst.

Die Kunst stand für die Romantiker dermaßen im Zentrum ihres Denkens, dass sie schließlich selbst zum Gegenstand des Schreibens wurde. Mit *Franz Sternbalds Wanderungen* von Ludwig Tieck erschien 1797 der erste deutsche Künstlerroman, in dem die Kunst als Grundlage menschlicher Existenz und Lieferant der einzig legitimen Weltdeutung gefeiert wird – anders als in Goethes *Wilhelm Meister*, wo sie eher als Durchgangsstadium in der Anpassung an ein tätiges bürgerliches Leben und an die Prinzipien der Ökonomie eine Rolle spielte.

Künstlerroman

Die Romantiker schätzten das Chaotische als Quelle des poetischen Prozesses und propagierten die Auflösung der Formen als zentrales Anliegen ihrer Ästhetik. Dass sie trotzdem eine große Vorliebe für die Gattung der Novelle an den Tag legten, gehört zu den großen Widersprüchen der Epoche. Denn kein anderes episches Genre zwingt durch das Hinarbeiten auf eine »unerhörte Begebenheit« dermaßen auf eine strenge formale Durchführung. Keine Rede davon, dass der Zwang zur erzählerischen Konzentration der romantischen Unendlichkeitsprogrammatik entgegenstünde: Zusammen mit Goethe und Kleist führten die Romantiker die Novelle um 1800 zu ihrem ersten großen Höhepunkt in der deutschen Literaturgeschichte.

Novelle

Freilich bedienten sie sich anderer Möglichkeiten, um in der Novelle ihre ästhetische Konzeption von Mannigfaltigkeit und allumfassender Ganzheit zu verwirklichen. Formal geschah dies dadurch, dass sie nach dem Vorbild von Boccaccios *Decamerone* oder Goethes *Unterhaltungen deutscher Ausgewan-*

Novellenzyklen

derten (1795) mehrere Einzelerzählungen in einen größeren Erzählrahmen integrierten. In Achim von Arnims *Der Wintergarten* (1809) dient das gegenseitige Erzählen von Geschichten als Akt der Flucht aus einer bedrückenden Gegenwart, als Ablenkung in der Zeit der französischen Besetzung. Über eine Rahmenhandlung, in der mehrere Personen zu einem geselligen Beieinander zusammenkommen, verfügen auch Tiecks *Phantasus* (1812–16) und E. T. A. Hoffmanns *Die Serapionsbrüder* (1819–21).

Thematisierung des Irrealen

Die Tendenz zur Entgrenzung verlagerte sich aber auch aufs Stoffliche, indem Traum und Wahnsinn, Rausch und Ekstase in die Erzähldichtung Eingang fanden. Die Dichter erkundeten verborgene Wege ins Ich und erschlossen Bewusstseinsbezirke abseits der vernünftig geordneten Realität. Ein Jahrhundert vor Sigmund Freud wurde damit in bislang ungekanntem Ausmaß das Tiefenpsychologische und Psychopathologische Gegenstand der Literatur. Eine große Rolle spielten dabei das Phantastische, Unheimliche und Märchenhafte, in deren Welt die Erzählung zielsicher auf die Erfüllung einer Glücksverheißung hinarbeitet. Somit verwischen sich häufig die Grenzen zwischen Novelle und Kunstmärchen, zumal beide Texte in ihrer stringenten formalen Organisation strukturelle Ähnlichkeiten aufweisen.

Kunstmärchen

Volksmärchen und Kunstmärchen

Das Kunstmärchen unterscheidet sich vom Volksmärchen dadurch, dass sein Autor namentlich bekannt ist und es stilistisch individueller gestaltet ist. Es kann den naiven

Volksmärchenton imitieren, sich aber auch bewusst davon abheben.

Historische Entwicklung

Die Geburtsstunde des modernen deutschen Kunstmärchens schlug im 18. Jahrhundert, begünstigt durch Vermittlung Frankreichs. Feenmärchen (»Contes de Fées«) zählten zu den bevorzugten Lesestoffen der Zeit, und Antoine Gallands freie Übertragung der Sammlung *Tausendundeine Nacht* verankerte das Bild vom märchenhaften Orient in den Köpfen der abendländischen Leser. Von diesen Einflüssen geprägt, entwickelte sich in der Spätaufklärung das Kunstmärchen zu einer Form belehrender und moralisierender Dichtung, obwohl eine streng vernunftgeleitete Literaturkritik mit der Behandlung des Wunderbaren nicht viel anfangen konnte. Es wirkte später auch anregend auf die Romantiker – etwa auf die Brüder Schlegel oder die Märchen Wilhelm Hauffs.

Begegnung mit dem Unfassbaren

Die zur Zeit des Sturm und Drang aufkeimende Idee, dass die Volkspoesie – und damit auch das Volksmärchen – den poetischen Urzustand widerspiegle, sollte von der romantischen Generation später neu aufgegriffen werden. Dadurch, dass das Märchen das Unfassbare behandelt und verschobene Wahrnehmungsebenen zum Thema macht, eröffnet es einen neuen, umfassenderen Blick auf die Welt, deren Gesetze zugunsten der Poesie aufgehoben sind. Die Begegnung mit dem Magischen treibt das Ich nicht selten in seelische Krisen und lässt dadurch die Nachtseiten der menschlichen Seele, Traum und Wahn, zutage treten. Im Ganzen gesehen schöpften die Dichter der Romantik ein breites Spektrum aus, um ihren Märchen eine innovatorische Note zu geben.

Ludwig **Tiecks** Interesse für das Märchen artikulierte sich in den unterschiedlichsten Gattungen, in seinen auf populäre Erzählstoffe zurückgehenden Dramen ebenso wie in seinen Märchennovellen (*Der blonde Eckbert, Der Runenberg*). Tieck, der als Schreiber von Trivialromanen begonnen hatte, imprägnierte seine Märchen publikumswirksam mit Schauerlichem, wagte aber zugleich auch den Schritt ins Seelenkundliche, indem er Psychogramme von Menschen lieferte, deren Identität auseinanderbricht. Konsequenterweise führen seine Erzählungen nicht immer zu jenem guten Ende, das man vom Volksmärchen gewohnt ist.

Tieck

Bei **Novalis** steht das Märchen für das Kindliche, Ursprüngliche und Klärende, doch handelt es sich dabei – ähnlich dem *Märchen* von Goethe – um komplex codierte, allegorisch und symbolisch angereicherte Texte mit natur- und geschichtsphilosophischem Gehalt. Da der Dichter seine Kunstmärchen in seine Romanbruchstücke *Die Lehrlinge zu Saïs* und *Heinrich von Ofterdingen* eingelagert hat, müssen sie auch in deren Kontext verstanden werden.

Novalis

Brentano nutzte in seinen Märchen die Gelegenheit zum Spiel mit der Sprache und mit alten, vorgegebenen Formen. Nicht grimmscher Märchenton regiert seine Schöpfungen, sondern Ironie und Unernst, die bewusst machen, dass man es mit Kunstprodukten zu tun hat. Die zeitgenössische Kritik hielt sie weder für Kinder noch für Erwachsene geeignet und witterte darin eine Verspottung des Volksmärchens. Brentano selbst blieb zu seinen Märchen auf Distanz – nur zwei wurden zu seinen Lebzeiten veröffentlicht.

Brentano

Wie Tieck akzentuierte auch E. T. A. **Hoffmann** die wech-

Hoffmann

selseitige Durchdringung von Alltags- und Märchenwelt. Die daraus resultierenden Brüche setzen sich in der Psyche der Gestalten fort, doch sind Hoffmanns Kunstmärchen trotz aller äußeren und inneren Konflikte nicht tragisch grundiert, sondern durch Ironie und einen zuweilen surrealistisch anmutenden Humor gedämpft.

Der goldne Topf

An einer Erzählung wie *Der goldne Topf* lässt sich anschaulich zeigen, wie das Kunstmärchen einerseits auf das Volksmärchen Bezug nimmt, sich andererseits aber von ihm emanzipiert. Volksmärchenhaft ist etwa die Hauptfigur, der Student Anselmus, der dem Typus des ungeschickten Dummlings nachgestaltet ist und dessen Suche nach dem Glück ebenfalls ein altes Märchenmotiv aufnimmt. Schauplatz ist jedoch nicht ein unbestimmtes Märchenland, sondern das zeitgenössische Dresden, was Gelegenheit gibt, den gesellschaftskritischen und satirischen Blick auf die schlichten Wünsche der Spießbürger zu richten und diesen das Reich der Poesie entgegenzusetzen. Außerdem nehmen die Gestalten das Wunderbare nicht – wie im Volksmärchen üblich – mit Selbstverständlichkeit zur Kenntnis, sondern reagieren darauf mit Erstaunen und Befremden.

»Das Mährchen ist gleichsam der *Canon* der *Poesie*«, schreibt Novalis.[4] Für die Romantiker war es eine geeignete Form, weil es dem Konzept von der Universalpoesie entgegenkam, indem es sich offen zeigte für Ironisches und Parodistisches, Grauen Erregendes und Dämonisches, Historisierendes und Utopisches, Psychologisches und Philosophisches.

Romantische Lyrik

Lyrische Formkunst

Zu den zahlreichen inneren Widersprüchen der Romantik zählt der Umstand, dass einerseits in den theoretischen Äußerungen der Romantiker die Auflösung der Formen proklamiert wird, andererseits gerade die Lyrik Musterbeispiele für formal durchgestaltete Texte liefert, die innovatorische Leistung romantischer Gedichte vielfach sogar in ihrer dominanten Poetizität liegt. Logisches und Inhaltliches hat gegenüber klanglichen und rhythmischen Effekten oder dem Einhalten struktureller Vorgaben häufig das Nachsehen, sodass als Folge nicht selten die Sprache selbst zum eigentlichen Gegenstand des Textes wird. Poesie handelt von Poesie: Dichtung wird ›Erkenntnisinstrument‹, mit dem man ins Unbewusste vorstoßen oder das Poetische aus der Welt herauslösen kann. So beschreibt es auch Eichendorffs Gedicht *Wünschelrute* (1838):

Schläft ein Lied in allen Dingen,
Die da träumen fort und fort,
Und die Welt hebt an zu singen,
Triffst du nur das Zauberwort.

Brentanos Der Spinnerin Nachtlied

Wie sehr die Machart eines Textes sein eigentliches Zentrum sein kann, inszeniert Clemens **Brentano** anschaulich in seinem Gedicht *Der Spinnerin Nachtlied*. Die ersten beiden Strophen lauten folgendermaßen:

Es sang vor langen Jahren
Wohl auch die Nachtigall,

Das war wohl süßer Schall,
Da wir zusammen waren.

Ich sing und kann nicht weinen
Und spinne so allein
Den Faden klar und rein,
Solang der Mond wird scheinen.

Der Text ist sangbar, die Strophenform schlicht, die Sätze sind kurz und lose miteinander verknüpft, auf gedankliche Tiefe wird verzichtet – typische Merkmale eines Volkslieds also. In Szene gesetzt wird eine alltägliche Situation, die Einsamkeit einer Frau während ihrer Arbeit. Doch nicht das, was geschildert wird, ist das eigentlich Interessante an diesem Gedicht. Für seine Strukturierung ist vielmehr ein anderes Moment maßgeblich, nämlich der Wechsel der Klangfarben. Während in den ungeraden Strophen die a-Laute den Ton angeben (9 von 12 betonten Silben in der ersten Strophe), sind es in den ungeraden die ei-Laute (alle Endreime der zweiten Strophe). Das Inhaltliche tritt demgegenüber in seiner Bedeutung zurück; vielmehr macht es den Eindruck, als ob die insgesamt sechs Strophen überhaupt nicht von der Stelle kommen. Der Umstand, dass der Text die ständige Wiederkehr seines Wortmaterials inszeniert (Nachtigall, Schall, Mond, Singen), entspricht der dauernden Drehung des Spinnrads. Damit bringt das Gedicht auf perfekte Weise Form und Inhalt zur Deckung.

Synästhesie

Zu einem ihrer Leitsätze erhoben die Romantiker die Überschreitung von Grenzen. Auf der Ebene der Wahrnehmung war dies sprachlich mit Hilfe der Synästhesie zu erreichen. Die Übersetzung des griechischen Wortes – »Zusammenempfindung« – gibt bereits einen Hinweis auf die Bedeutung: Es werden zwei unterschiedliche Reize zusammengeführt, bei »schreiende Farben« etwa ein akustischer und ein optischer. Was als Art metaphorischen Sprechens somit auch alltagssprachlich gang und gäbe ist, taucht wiederholt in der romantischen Dichtung auf – etwa bei Brentano: »golden wehn die Töne nieder«, »blinkt zu mir der Töne Licht«, »glänzender Lieder / Klingender Lauf«.

Anders als die erzählende oder die dramatische Dichtung erwies sich die Lyrik nicht so sehr als Experimentierfeld für ästhetische Provokationen, was ihr bis heute einen unmittelbareren Zugang gesichert hat. Bei der Erarbeitung der poetologischen Grundlagen von Gedichten hielten sich die sonst so theoriefreudigen Frühromantiker zurück, äußerten sich dazu höchstens in Gestalt von Fragmenten oder erörterten sie im Zusammenhang mit anderen gattungspoetischen Problemen. Das bedeutet jedoch nicht, dass sich die romantische Lyrik innovatorischen Ideen versperrte.

Innovation

Viele der heute bekannten Gedichte waren ursprünglich in Erzählungen und Romane eingebaut, trugen also zu dem avantgardistischen Versuch bei, poetische Mischformen herzustellen. »*Lyrische Gedichte*«, schreibt Friedrich Schlegel, »sollen gar keine *eigne* Gattung sein, sondern nur mit gebraucht werden und eingeflochten bei mystischen Werken, dramatischen, Roman etc.«[5] Spätere Herausgeber lösten die lyrischen Einschübe aus dem Erzählzusammenhang heraus und verhalfen ihnen dadurch zum Eigenleben – ein nicht immer unumstrittenes Verfahren, das aber zur anhaltenden Popularität vieler Gedichte beitrug. So sind einige der bekanntesten Beispiele eichendorffscher Lyrik in den Kontext erzählender Prosa eingebettet: *Wem Gott will rechte Gunst*

Universalpoesie

erweisen stammt aus der Novelle *Aus dem Leben eines Taugenichts*, und im Roman *Ahnung und Gegenwart* finden sich die Gedichte *Laue Luft kommt blau geflossen* und *In einem kühlen Grunde*.

Popularität

Der hohe Grad an Volkstümlichkeit, den romantische Lyrik zeitweilig erreichte, ist mit ein Verdienst von **von Arnims** und **Brentanos** Sammlung *Des Knaben Wunderhorn*, dank der die liedhafte Volkspoesie stärker ins Bewusstsein gerückt wurde. Andere Formen des lyrischen Ausdrucks – etwa die Ode – traten demgegenüber in den Hintergrund. Man dachte an die Kultivierung des Gemüts durch die Nachahmung volkstümlicher Einfachheit, den direkten Appell an das Gefühl, die Wiedergabe von Stimmungen. Resultat war eine hochgradig subjektive Poesie, die für viele zum Inbegriff deutscher Lyrik überhaupt wurde. So bestimmte der Tonfall der klassisch-romantischen Dichtung auf weite Strecken vorbildhaft die Lyrik des folgenden Jahrhunderts.

Vielfalt der Töne

Das romantische Gedicht beschränkt sich freilich nicht nur auf das Gemütvoll-Naive, sondern kennt durchaus auch Dissonantes und Irritierendes, das sich zuweilen hinter der Maske des vordergründig Naiven versteckt. Das Spektrum reicht von der esoterischen und hochgradig verschlüsselten Lyrik eines **Novalis** hin zu den patriotischen Appellen **Eichendorffs**, **Uhlands** und **Fouqués**, entstanden aus dem Geist der Befreiungskriege gegen Napoleon.

Romanische Einflüsse

Besondere Affinität zeigten die Romantiker zu den lyrischen Formen, die in den Literaturen romanischer Sprachen überliefert sind. Das Muster der spanischen Glosse griffen **Tieck**, die Brüder **Schlegel**, **Eichendorff** und **Uh-**

land auf, wegen ihres liedhaften Charakters beliebt war die Romanze, die ebenfalls aus dem Spanischen stammt (Brentano, *Romanzen vom Rosenkranz*, entst. 1804–11).

Sonett

Geradezu inflationär gestaltete sich zu Anfang des 19. Jahrhunderts die Produktion von Sonetten, einer aus dem Italienischen stammenden Form, die im Barock Hochkonjunktur gehabt hatte und Ende des 18. Jahrhunderts wiederentdeckt worden war. Die grassierende »Sonetten-Wut« wurde Gegenstand einer leidenschaftlichen poetischen Fehde. Jean Paul klagte: »Ich will das Jahr als mein frohstes preisen, das 12 Monate hat, wo ich kein Sonett höre und sehe.«[6] Selbst Goethe konnte sich dieser Mode nach anfänglicher Skepsis nicht entziehen. Die thematische Bandbreite reichte dabei vom Spottgedicht über das literarische Porträt bis hin zu poetologischen Reflexionen über die Sonettform selbst; darüber hinaus wurden sie auch zyklisch zusammengefasst, wie etwa in **Arnims** *Romanze in 90 + 3 Soneten* (1808) oder in **Rückerts** *Geharnischten Sonetten* (1814).

Nachleben

Wirkung

Die Lyrik hat sich als jener Teil der romantischen Dichtung behauptet, dessen Nachwirkung – zusammen mit den grimmschen Märchen und den Werken E. T. A. Hoffmanns – auch außerhalb des deutschsprachigen Raums am dauerhaftesten gewesen ist. Das ist aufs Erste insofern erstaunlich, als Gedichte für gewöhnlich schwieriger an fremdsprachige Kulturen zu vermitteln sind als etwa Dramen oder Erzählprosa, zumal der Verlust an Substanz bei der Übersetzung weitaus größer ist. Mitverantwortlich dafür, dass sich die Gedichte der Romantik weltweit lebendig gehalten haben, ist zu einem guten Teil ihre Musikalität: Bedeutende Komponisten wie Schubert, Mendelssohn, Schumann, Brahms, Wolf, Pfitzner oder Mahler haben mit ihren Liedkompositionen zur internationalen Verbreitung der romantischen Lyrik beigetragen.

Drama der Romantik

Autor und Publikum

Was hat sich von den deutschen Dramen, die um 1800 geschrieben wurden, beständig im Repertoire der Bühnen gehalten? Goethe, Schiller, Kleist – von den Romantikern aber gar nichts. Das liegt sicherlich nicht an der Produktivität der Schriftsteller, denn die war sehr groß: die Brüder Schlegel, Tieck, Arnim, Clemens Brentano, Eichendorff, Fouqué – sie alle schrieben Theaterstücke, die heute allerdings nur mehr Fachleuten vertraut sind. Woran liegt dies?

Mit ihrem Anspruch, das Drama als Spiegel eines universalen Weltbildes zu sehen, und in ihrem Bestreben, anderes Theater als die Klassiker zu schreiben, betraten die Romantiker Pfade, auf denen sie bereits das zeitgenössische Publikum nicht begleiten wollte. An dessen Erwartungen schrieben sie konsequent vorbei: Die Masse besuchte das Theater, nicht um dort Zeuge der Umsetzung ästhetischer Programme und literarischer Experimente zu werden, sondern um sich zu unterhalten. Das wussten auch die Theaterdirektoren, die lieber auf sichere Zugpferde wie August Wilhelm **Iffland** oder August **von Kotzebue** setzten.

Trivialdramatik

Beide waren emsige Verfertiger von Dramen, hauptsächlich von **Rührstücken**, in denen bürgerliche Tugenden wie Gehorsam, Fleiß, Ehrgefühl und Sparsamkeit gefeiert wurden. Der Verzicht auf gedankliche Tiefe und die Garantie auf ein glückliches Ende fanden große Resonanz beim Publikum, sodass ein Autor wie Kotzebue mit seinen 230 Theaterstücken zum erfolgreichsten Bühnendichter seiner Zeit aufsteigen konnte. In der Nachfolge von Goethes *Götz* (Urauff. 1774) entstand eine Reihe trivialer **Ritterstücke**, die heute ebenso in der Versenkung verschwunden sind wie die politischen **Tendenzstücke**, die vor dem Hintergrund der Napoleonischen Kriege patriotische Werte vermitteln sollten.

Brentanos
Gründung Prags

Ein Werk wie **Brentanos** *Die Gründung Prags* (1815) beispielsweise war für die Theaterpraxis ungeeignet, weil es zu ehrgeizig seinen Anspruch auf ein Gesamtkunstwerk verfolgte, das in sich programmatisch Mythos, Geschichte und Religion vereinigen sollte. Darüber hinaus sollten lyrische und epische Elemente darin gleichermaßen Platz finden wie Musikalisches (Brentano hatte zuerst an eine Gestaltung als Oper gedacht). Resultat war ein Theaterstück mit mehr als 9000 Versen – kein Wunder, dass allein schon die Überlänge mancher romantischer Dramen sie für eine Realisierung auf der Bühne untauglich machte.

Tiecks
Gestiefelter Kater

Am ehesten in die Gegenwart gerettet hat sich *Der gestiefelte Kater* (1797), eine Komödie von Ludwig **Tieck**. Sie übernimmt das unter anderem von Shakespeare und Gozzi vorgeprägte Muster vom Spiel im Spiel. Von Schauspielern aufgeführt wird das Märchen vom Gestiefelten Kater, eine Vorstellung von zweifelhaftem künstlerischem Wert und durchwaltet von romantischer

Ironie. Die Handlung ist chaotisch, die Figuren fallen aus der Rolle, Pannen und sprachliche Klischees tun das Ihre. Die Wirkung der wirren Inszenierung auf das fiktive Publikum wird sofort in dessen Reaktionen sichtbar gemacht. Es spottet über das Stück, entlarvt dabei selbst seine kleinkarierte Ignoranz und wird dadurch zum Ziel des Spotts. Die Modernität des *Gestiefelten Katers* liegt darin, dass sich in einem Theaterstück das Theater selbst zum Thema macht.

Schicksalsdrama

Große Beliebtheit erfreuten sich in der Zeit um 1800 **Schicksalsdramen**, in denen der Mensch Opfer einer unbestimmten Macht wird, die von außen an ihn herantritt und ihn ins Unglück reißt. Eine große Rolle spielen darin Schicksalstage, an denen sich immer wieder Katastrophales ereignet, sowie fatale Requisiten, die gleichsam ein Verhängnis bringendes Eigenleben entwickeln. Angesehene Autoren wie **Tieck**, **Kleist**, **Schiller** und **Grillparzer** lieferten Beiträge zu diesem Genre. Allerdings fanden auch weniger begabte Schriftsteller darin ein reiches Betätigungsfeld, indem sie effekthascherische und melodramatische Elemente in den Vordergrund rückten, ohne sich um psychologische Glaubwürdigkeit zu kümmern. Das machte die Schicksalstragödie anfällig für **Parodien**, wie etwa August **von Platens** *Die verhängnisvolle Gabel* (1826).

Werners Vierundzwanzigster Februar

Berühmtestes Beispiel ist wohl der Einakter *Der vierundzwanzigste Februar* (Urauff. 1809) von Zacharias Werner. Ein Vater ermordet aus Habgier seinen eigenen Sohn, der nach jahrelanger Abwesenheit unerkannt nach Hause kommt – ein Stoff, der bis ins 20. Jahrhundert weiterwirkte, etwa auf das Drama *Le Malentendu* (1944) von Albert Camus.

Übersetzungen

Die Bemühungen der Romantiker um das Drama erzielten die wohl dauerhafteste Hervorbringung in den **Übersetzungen** der Theaterstücke **Calderóns** und **Shakespeares**. Speziell letzterer entsprach mit seiner Mischung von Tragischem und Komischem sehr dem universalistischen Konzept der Romantik. Dazu kam, dass die früheren Shakespeare-Übertragungen von Eschenburg und Wieland zu sehr dem Geist der Aufklärung verpflichtet waren. Die Übersetzungen August Wilhelm Schlegels (17 Dramen, 1797–1810), die später von Ludwig Tieck, seiner Tocher Dorothea und Wolf Graf Baudissin fortgeführt wurden, leiteten den entscheidenden Schritt ein, mit dem Shakespeare fast schon zum deutschen Klassiker wurde: Novalis hielt den deutschen Shakespeare für besser als den englischen.

5. Rezeption

Weltweite Wirkung

Madame de Staël

Europa wurde mit der deutschen Romantik bekannt vor allem durch Madame de Staël (1766–1817), Tochter von Jacques Necker, dem glücklosen Finanzminister König Ludwigs XVI. von Frankreich und bedeutendste Schriftstellerin ihrer Zeit. Ihr Buch *De l'Allemagne* war Frucht zweier Reisen, die sie 1803/04 und 1807/08 durch Deutschland unternommen hatte. Sie galt als Napoleons unerbittlichste Kritikerin: Die erste Auflage (1810) ließ der Kaiser einstampfen, und die Verfasserin musste sich auf ihr Familienschloss in der Schweiz zurückziehen, wo sich in der Folge die europäischen Intellektuellen ihr Stelldichein gaben.

1813 erschien die zweite Auflage von *De l'Allemagne*, bereits 1814 lag eine deutsche Übersetzung vor. Das Buch behandelte die deutsche Kultur in all ihren Facetten: die Philosophie des Idealismus, die Romantiker, die Klassiker Schiller und Goethe. Letzteren hatte die Verfasserin persönlich während eines dreimonatigen Aufenthalts in Weimar kennen gelernt – auch für sie war er in erster Linie immer noch der Dichter des *Werther*, der von der Autorin als durch und durch romantisches Werk gesehen wird, wie sie im Übrigen wenig zwischen Romantik und Klassik differenziert.

Die Romantik und die Franzosen

In Frankreich wurde mit *De l'Allemagne* nachhaltig die einseitige Vorstellung verankert, bei den Deutschen handle es sich um ein Volk von »Dichtern und Denkern«. So schmeichelhaft es für die deutschen Literaten auch gewesen sein mochte, ihre Werke zum Inbegriff moderner Dichtung erklärt zu wissen, so unausgewogen und idealisierend erscheint vielfach das Bild von der deutschen Romantik, das die Autorin dem französischen Klassizismus entgegenhält.

Vom Mittelalter bis ins 18. Jahrhundert hatte sich die deutschsprachige Literatur im Kielwasser anderer Literaturen bewegt. Deutsche Schriftsteller verarbeiteten deren Vorgaben weiter, die hauptsächlich aus Frankreich und England, aus Italien, Spanien und aus der Antike stammten. Im 17. und 18. Jahrhundert war Frankreich für die deutsche Literatur noch Schrittmacher in Sachen Ästhetik und Geschmack gewesen, Maßstab und Last zugleich. Madame de Staëls geistes- wie sozialgeschichtliches Zeitdokument half mit, sich von diesem Vorbild zu emanzipieren, indem es nun umgekehrt Frankreichs Interesse für die deutsche Kultur weckte. Die Romantik wurde zur ersten kulturellen Strömung, die von Deutschland aus in die Welt hinausdrang. Wenn die deutsche Literatur damit erstmals internationale Aufmerksamkeit erregte, so handelte es sich dabei freilich um kein genuin deutsches Phänomen, denn die Romantiker hatten ihrerseits Ideen und Anregungen wieder zum Teil aus dem Ausland bezogen.

E. T. A. Hoffmanns Wirkung

Zum weltweit populärsten Romantiker und international bedeutendsten deutschen Erzähler des 19. Jahrhunderts wurde E. T. A. Hoffmann. Offenbachs Oper *Les contes d'Hoffmann* (*Hoffmanns Erzählungen;* Urauff. 1881), in deren Episodenhandlung der Dichter als Held seiner eigenen Phantasien agiert, ist nur ein Beispiel unter vielen, wie stark die Wirkung des Dichters gerade in Frankreich war. Dort wurde der »Gespensterhoffmann« in einem Atemzug mit Goethe und Schiller genannt;

Théophile Gautier, Charles Baudelaire und Jules Verne zählten zu seinen Verehrern. Der Amerikaner Edgar Allan Poe zeigte sich von Hoffmanns Werken ebenso angetan wie der Russe Nikolai Gogol – oder Sigmund Freud, der 1919 die Erzählung *Der Sandmann* aus dem Blickwinkel der Psychoanalyse interpretierte.

Heinrich Heine und die Überwindung der Romantik

Ihre Vollendung wie ihre Überwindung fand die Romantik in Heinrich Heine (1797–1856), speziell in seinem *Buch der Lieder* (1827) und in den *Neuen Gedichten* (1844). In seiner Musikalität, der Thematik und im Wortschatz schöpft er noch aus der romantischen Tradition – Paradebeispiel dafür ist sein Gedicht *Ich weiß nicht, was soll es bedeuten*, in dem ein aus unbekannten Gründen melancholisch gestimmtes Ich über die Loreley sinniert – eine Rheinnixe, die mit ihrem Sirenengesang die Schiffer in den Untergang lockt. Das Wunderbare, die Verführung durch die Kunst, die Verbindung von Sehnsucht, Schönheit und Tod – all das ist aus der Romantik wohlbekannt. Ganz anders das Gedicht *Das Fräulein stand am Meere*, das in der ersten Strophe beim Anblick eines Sonnenuntergangs eine sentimentale Stimmung konstruiert, die in der zweiten Strophe jedoch zerstört wird:

Mein Fräulein! sein Sie munter,
Das ist ein altes Stück;
Hier vorne geht sie unter
Und kehrt von hinten zurück.

Indem ernüchternd auf das Empirische und Selbstverständliche verwiesen wird, entsteht ein ironischer Bruch, eine Spannung zwischen romantischem Zitat und Desillusionierung.

Einen prosaischeren Zugang zur Romantik als Madame de Staël findet Heine in seiner Schrift *Die Romantische Schule* (1835). Aufmerksam registriert er die Widersprüchlichkeiten bei einzelnen Exponenten romantischer Dichtung wie etwa August Wilhelm Schlegel oder Ludwig Tieck, denen er vorrechnet, wie wenig ihre genialische Gebärde mit ihrem spießbürgerlichen Lebensalltag in Einklang steht. In Zeiten der anbrechenden industriellen Revolution wirke eine dem Mittelalter, der Religion und dem Christentum verpflichtete Dichtung epigonal und anachronistisch. Keine Rede mehr von der Selbstdeutung der Romantik als literarische Avantgarde: Bei Heine steht sie nicht mehr für Innovation und Modernität, sondern für das Rückwärtsgewandte.

Heines Romantische Schule

Romantikrezeption im späten 19. und im 20. Jahrhundert

Heines Sichtweise war symptomatisch für jene kritischen Töne, die im weiteren Verlauf des 19. Jahrhunderts angeschlagen wurden. Angesichts der Beschleunigung auf politischem, sozialem, wirtschaftlichem und technischem Gebiet repräsentierte die Romantik das Rückschrittliche. In dem Maße, wie sie als fortschrittsfeindlich und realitätsfern diskreditiert wurde, wurde andererseits die Weimarer

Kritische Sicht auf die Romantik

Klassik aufgewertet. Friedrich Nietzsche vermochte durchaus zwischen der Aufbruchsstimmung der Frühromantiker und einer späteren Erstarrung und Vergangenheitsseligkeit zu differenzieren – »es wird zu viel Kraft an alle möglichen Toten-Erweckungen weggeworfen«.[7]

Neuromantik

Nach der Reichsgründung 1871 fand man einen positiveren Zugang zur Romantik. Besonders intensiv wurde er um 1900, als man im Rückgriff auf Geschichtliches, Mythisches, Exotisches und Irrationales eine mögliche Antwort auf den Naturalismus sah. Inspiriert durch Wagners Musikdramen und durch die französische Moderne, revitalisierte diese so genannte »Neuromantik« die Gefühlskultur und fand auf künstlerischem und wissenschaftlichem Gebiet ihren Ausdruck.

Ideologisierung

In der ersten Hälfte des 20. Jahrhunderts verlagerte sich die Diskussion um die Romantik ins Ideologische. Nationale und chauvinistische Töne waren unüberhörbar, wenn in der Zwischenkriegszeit und im Hitler-Staat die Romantik als urdeutscher Beitrag zur europäischen Kulturentwicklung verherrlicht wurde. Naturgemäß gegenteilig ausgerichtet waren die Stimmen aus dem marxistischen Lager, allen voran jene von Georg Lukács. Der Titel seiner Untersuchung *Die Zerstörung der Vernunft* (1954) ist vielsagend genug: Romantik repräsentiert darin das Antiaufklärerische und Antirationalistische. Die Germanistik der DDR nahm dies als Vorgabe, von der man sich erst Mitte der siebziger Jahre im Zuge der Erbediskussion loslöste. Die wissenschaftlichen Untersuchungen der letzten Jahrzehnte versuchen, die Anwendbarkeit jüngerer literaturtheoretischer Konzepte – wie etwa Dekonstruktion oder Gender studies – auf romantische Texte zu erproben.

6. Checkliste

1. **Zeitgeschichtlicher Hintergrund:** Napoleon und Europa: 10f., Napoleon und Deutschland: 12f., 72; Fichtes *Reden an die deutsche Nation*: 17; utopische Entwürfe: 20f., 35; Dynamik der Geschichte: 21, 58; Volkspoesie und deutsche Identität: 22ff.; politische Romantik (Görres: 41f.; Arnim: 48f.; Uhland: 55f.).
2. **Theorie:** Frühromantik: 7f.; Literaturtheorie (allgemein): 14ff.; philosophische Grundlagen: 16f.; A.W. Schlegel: 30f.; F. Schlegel: 32f.; Wackenroder: 38f.; romantische Ironie: 63f.; Märchen und Universalpoesie: 68; Synästhesie: 70f.
3. **Widersprüchlichkeiten der Romantik:** Problematik der Begriffsbestimmung: 5f.; Gefühl und Geist: 16f.; Protestantismus und Katholizismus: 18f.; Auflösung der Form und Formstrenge: 64, 69f.
4. **Modernität der Romantik:** Gesamtkunstwerk: 15, 62f., 71; Experimentelles bei F. Schlegel: 32f.; Montageprinzip: 40f.; Aufhebung der Handlung (Klingemann: 45; Brentano: 47; E.T.A. Hoffmann: 63f.; Tieck: 75f.); Romanform: 62f.; Innovatorisches im Kunstmärchen: 66; Innovatorisches im Drama: 74ff.; Rückschrittlichkeit der Romantik (Heine: 80f.; Nietzsche: 82; Lukács: 82).
5. **Fragment:** Theoretische Grundlagen: 15f.; Novalis, *Heinrich von Ofterdingen*: 35; Arnim, *Die Kronenwächter*: 49; Lyriktheorie: 71.
6. **Wunderbares:** Grenzüberschreitung: 15f., 68; Natur: 18; Religion: 19f.; Behandlung in der Erzählprosa (allgemein: 65; Märchen: 66; E.T.A. Hoffmann: 40; Chamisso: 51).

7. **Natur:** Wissenschaft und Naturphilosophie: 17 f.; Naturbeseelung bei Fouqué: 43; Arnim und die Naturwissenschaft: 48; Naturlyrik: 58 f.
8. **Romantik und Geschichte:** Antike: 21; Mittelalter: 21 f., 36, 42; Historischer Roman (Arnim, *Die Kronenwächter*: 49; Hauff, *Lichtenstein*: 61).
9. **Auseinandersetzung mit der Kunst:** Künstler und Philister: 16; Fichtes *Wissenschaftslehre*: 17; Schellings Kunstphilosophie: 17 f.; Volkspoesie: 22 ff.; Poetisierung des Lebens bei Novalis: 33; Raffael und Dürer: 38; Künstlerroman (allgemein: 64; Tieck, *Franz Sternbalds Wanderungen*: 37, 64; E. T. A. Hoffmann, *Lebensansichten des Katers Murr*: 40 f.; Klingemann: *Nachtwachen des Bonaventura*: 45; Eichendorff, *Ahnung und Gegenwart*: 57.
10. **Romantische Literatur und andere Künste:** Salonkultur: 26 f.; Musiktheorie: 38; Vertonungen romantischer Lyrik: 58 f., 60; E. T. A. Hoffmann und die Musik: 39, 43, 79.
11. **Romantik und Volkspoesie:** Grundlagen: 22 ff.; Hochromantik: 8; Nationalbewusstsein: 13 f.; Teil des universalpoetischen Konzepts: 14 f.; Volkslieder (*Des Knaben Wunderhorn*: 24, 46, 72; Görres: 42); Volksbücher (Tieck: 37; Görres: 42); Volksmärchen (24 f., 53).
12. **Volksmärchen und Kunstmärchen:** Grundlagen: 65 ff.; Novelle und Kunstmärchen: 65; Märchendrama: 75 f.; Grimms *Kinder- und Hausmärchen*: 25, 53; E. T. A. Hoffmann, *Der goldne Topf*: 40, 68; Fouqué, *Undine*: 43 f.; Brentano, *Gockel, Hinkel und Gackeleia*: 48; Chamisso, *Peter Schlemihls wundersame Geschichte*: 51; Hauff: 61.
13. **Friedrich Schlegel:** Kurzbiographie: 31 ff.; *Athenäum-*

Fragment Nr. 116: 14 ff.; Konversion zum Katholizismus: 20; Beziehung zu Dorothea Schlegel: 28 f.

14. **Clemens Brentano:** Kurzbiographie: 46 ff.; Beziehung zu Sophie Mereau: 29; *Des Knaben Wunderhorn*: 24, 72; Märchendichtungen: 67; *Der Spinnerin Nachtlied*: 69 f.; *Die Gründung Prags*: 75.
15. **Jacob und Wilhelm Grimm:** Kurzbiographie: 52 ff.; Beschäftigung mit dem Altdeutschen: 21 f.; *Kinder- und Hausmärchen*: 25, 53.
16. **E. T. A. Hoffmann:** Kurzbiographie: 39 ff.; Märchendichtungen: 67 f.; Wirkung: 79 f.
17. **Eichendorff:** Kurzbiographie: 56 ff.; Lyrik (allgemein: 71 f.; *Wünschelrute*: 69).
18. **Romantik und Weltliteratur:** A. W. Schlegel: 31; Shakespeare: 36, 77; romanische Literaturen (Cervantes: 36; Calderón: 77; lyrische Formen: 72 f.); Wirkung der Romantik (Überblick: 78 ff.; Fouqué: 43 f.; Grimm: 53; Lyrik: 73 f.).

7. Literaturhinweise

Epoche

Borries, Erika / Ernst von Borries: Romantik. München 1997. (Deutsche Literaturgeschichte. 5.)

Dülmen, Richard van: Poesie des Lebens. Eine Kulturgeschichte der deutschen Romantik. 2 Bde. Bd. 1: Lebenswelten. Bd. 2: Denkwelten. Köln/Weimar/Wien 2002/03.

Frank, Manfred: »Unendliche Annäherung«. Die Anfänge der philosophischen Frühromantik. Frankfurt a. M. 1997.

Glaser, Horst Albert (Hrsg.): Zwischen Revolution und Restauration: Klassik, Romantik. 1786–1815. Reinbek bei Hamburg 1980. (Deutsche Literatur. Eine Sozialgeschichte. 5.)

Große, Wilhelm / Ludger Grenzmann: Klassik. Romantik. Leipzig/Stuttgart/Düsseldorf 2002. (Geschichte der deutschen Literatur. 2.)

Kohlschmidt, Werner: Geschichte der deutschen Literatur von der Romantik bis zum späten Goethe. Stuttgart 1974. (Geschichte der deutschen Literatur von den Anfängen bis zur Gegenwart. 3.)

Kremer, Detlef: Romantik. Stuttgart/Weimar ^{2}2003.

Pikulik, Lothar: Frühromantik. Epoche – Werk – Wirkung. München ^{2}2000.

Schanze, Helmut (Hrsg.): Romantik-Handbuch. Stuttgart 1994.

Schmitz-Emans, Monika: Einführung in die Literatur der Romantik. Darmstadt 2004.

Schulz, Gerhard: Romantik. Geschichte und Begriff. München 1996.

Schulz, Gerhard: Die deutsche Literatur zwischen Französischer Revolution und Restauration (1789–1830). 2 Bde. München [2]2000/1989.

Ueding, Gert: Klassik und Romantik. Deutsche Literatur und Französische Revolution 1789–1815. 2 Bde. München 1988. (Grimminger, Rolf, Hrsg.: Hansers Sozialgeschichte der deutschen Literatur. 4.)

Autoren

Becker-Cantarino, Barbara: Schriftstellerinnen der Romantik. Epoche – Werk – Wirkung. München 2000.

Bernsmeier, Helmut: Literaturwissen für Schüler: Joseph von Eichendorff. Stuttgart 2000.

Diers, Michaela: Bettine von Arnim. München 2001.

Freund, Winfried: Novalis. München 2001.

Frühwald, Wolfgang / Franz Heiduk: Eichendorff. Leben und Werk in Texten und Bildern. Frankfurt a. M. 1988.

Grimm, Gunter E. / Frank Rainer Max (Hrsg.): Romantik, Biedermeier und Vormärz. Stuttgart 1989. (Deutsche Dichter. Leben und Werk deutschsprachiger Autoren. 5.)

Gröble, Susanne: Literaturwissen für Schüler: E. T. A. Hoffmann. Stuttgart 2000.

Günzel, Klaus: Die Brentanos. Eine deutsche Familiengeschichte. Zürich 1993.

Hinz, Ottmar: Wilhelm Hauff in Selbstzeugnissen und Bilddokumenten. Reinbek bei Hamburg 1989.

Kaiser, Gerhard R.: E. T. A. Hoffmann. Stuttgart 1988.

Kurzke, Hermann: Novalis. München 2001.

Mahoney, Dennis F.: Friedrich von Hardenberg (Novalis). Stuttgart/Weimar 2001.

Osterkamp, Ernst / Andrea Polaschegg / Erhard Schütz (Hrsg.): Wilhelm Hauff oder die Virtuosität der Einbildungskraft. Göttingen 2005.

Schiwy, Günther: Eichendorff. Der Dichter in seiner Zeit. Eine Biographie. München 2000.

Schultz, Hartwig: Clemens Brentano. Stuttgart 1999.

Steinecke, Hartmut: E. T. A. Hoffmann. Stuttgart 1997.

Uerlings, Herbert: Friedrich von Hardenberg, genannt Novalis. Werk und Forschung. Stuttgart 1991.

Zipes, Jack: The Brothers Grimm. From Enchanted Forests to the Modern World. New York [2]2002.

Interpretationen und Materialien

Castein, Hanne: Erläuterungen und Dokumente: Ludwig Tieck: *Der blonde Eckbert. Der Runenberg*. Stuttgart 1987.

Freund, Winfried: Adelbert von Chamisso, Peter Schlemihl. Geld und Geist. Ein bürgerlicher Bewusstseinsspiegel. Entstehung – Struktur – Rezeption – Didaktik. Paderborn/München/Wien 1980.

Kremer, Detlef: E. T. A. Hoffmann: Erzählungen und Romane. Berlin 1999 (Klassiker-Lektüren. 1.)

Lützeler, Paul Michael (Hrsg.), Romane und Erzählungen der deutschen Romantik. Neue Interpretationen. Stuttgart 1981.

Mieder, Wolfgang (Hrsg.): Arbeitstexte für den Unterricht: Grimms Märchen – modern. Prosa, Gedichte, Karikaturen. Stuttgart 1979.

Neubauer, Martin: Lektüreschlüssel für Schüler: E. T. A. Hoffmann: *Der goldne Topf*. Stuttgart 2005.

Pelster, Theodor: Lektüreschlüssel für Schüler: Joseph von Eichendorff: *Aus dem Leben eines Taugenichts*. Stuttgart 2001.

Reich-Ranicki, Marcel (Hrsg.): Von Friedrich Schiller bis Joseph von Eichendorff. Frankfurt a. M. u. Leipzig 1994. (1000 Deutsche Gedichte und ihre Interpretationen. 3.)

Ritzenhoff, Ursula: Erläuterungen und Dokumente: Novalis (Friedrich von Hardenberg) *Heinrich von Ofterdingen*. Stuttgart 1988.

Rölleke, Heinz: Die Märchen der Brüder Grimm. Eine Einführung. Stuttgart 2004.

Saße, Günter (Hrsg.): Interpretationen: E. T. A. Hoffmann: Romane und Erzählungen. Stuttgart 2004.

Sautermeister, Gert (Hrsg.): Interpretationen. Gedichte von Joseph von Eichendorff. Stuttgart 2005.

Schaub, Gerhard: Erläuterungen und Dokumente. Clemens Brentano: *Geschichte vom braven Kasperl und dem schönen Annerl*. Stuttgart 1990.

Segebrecht, Wulf (Hrsg.): Klassik und Romantik. Stuttgart 1984. (Gedichte und Interpretationen. 3.)

Anmerkungen

1 Eckhard Henscheid / Gerhard Henschel / Brigitte Kronauer, *Kulturgeschichte der Mißverständnisse. Studien zum Geisteleben*, Stuttgart 1997, S. 350–356.
2 Novalis, *Blüthenstaub* (Fragment 77), in: N., *Werke in einem Band*, hrsg. von Hans-Joachim Mähl und Richard Samuel, komm. von Hans-Joachim Simm unter Mitw. von Agathe Jais, München/Wien [3]1984, S. 461.
3 Bettine von Arnim, *Die Günderode*. Mit einem Essay von Christa Wolf, Frankfurt a. M. 1983, S. 442.
4 Zit. nach: Volker Klotz, *Das europäische Kunstmärchen. Fünfundzwanzig Kapitel seiner Geschichte von der Renaissance bis zur Moderne*, München 1987, S. 138.
5 Friedrich Schlegel, *Fragmente*, in: *Lyriktheorie. Texte vom Barock bis zur Gegenwart*, hrsg. von Ludwig Völker, Stuttgart 2000, S. 150.
6 Jean Paul, *Vorschule derÄsthetik II oder Jubilate-Vorlesung*, in: J. P., *Werke in 12 Bänden*, hrsg. von Norbert Miller, Bd. 9, München 1975, S. 424.
7 Friedrich Nietzsche, *Morgenröte* (159), in: *Licht wird alles, was ich fasse. Das Lexikon der Nietzsche-Zitate*, hrsg. von Johann Prossliner, München 2001, S. 140.

Abbildungsnachweis

Bettina von Arnim. Bleistiftzeichnung von W. Hensel. Verlagsarchiv.

Ludwig Achim von Arnim. Porträt eines unbekannten Künstlers. Goethe-Museum Düsseldorf.

Clemens Brentano. Radierung von L. E. Grimm. Goethe-Museum Düsseldorf.

Adelbert von Chamisso. Lithographie nach einem Gemälde von R. Reinich. Schiller-Nationalmuseum Marbach a. N.

Joseph von Eichendorff. Lithographie von F. Kugler. Goethe-Museum Düsseldorf.

Friedrich de la Motte Fouqué. Stich von F. Fleischmann nach einem Gemälde von W. Hensel. Goethe-Museum Düsseldorf.

Joseph Görres. Lithographie von L. Schöninger nach einem Porträt von J. A. N. Settegast. Schiller-Nationalmuseum Marbach a. N.

Jacob und Wilhelm Grimm. Radierung nach einer Bleistiftzeichnung von L. E. Grimm. Verlagsarchiv.

Wilhelm Hauff. Ölporträt von K. J. Th. Leybold. Schiller-Nationalmuseum Marbach a. N.

Ernst Theodor Amadeus Hoffmann. Stich eines unbekannten Künstlers nach einer Zeichnung Hoffmanns.

Ernst August Friedrich Klingemann. Kupferstich von J. C. Böhme nach einer Zeichnung von C. Tunica. Goethe Museum Düsseldorf.

Wilhelm Müller. Holzstich nach einem Kupferstich von Weger und Singer. akg-images.

Novalis. Stich von E. Eichens nach einem Gemälde von F. Gareis.

August Wilhelm Schlegel. Stich von C. Barth. Goethe-Museum Düsseldorf.

Friedrich Schlegel. Kupferstich von J. Axmann nach einer Zeichnung von A. von Buttlar. Goethe-Museum Düsseldorf.

Ludwig Tieck. Stich von E. Eichens nach einem Porträt von C. von Vogel zu Vogelstein. Goethe-Museum Düsseldorf.

Ludwig Uhland. Kreidezeichnung eines unbekannten Künstlers. Schiller-Nationalmuseum Marbach a. N.

Wilhelm Heinrich Wackenroder. Relief von Ch. F. Tieck. Freies Deutsches Hochstift Frankfurt a. M.

Literaturwissen für Schüler

Alfred Andersch. Von Reiner Poppe. 120 S. 6 Abb. UB 15219

Ingeborg Bachmann. Von Peter Beicken. 168 S. 6 Abb. UB 15225

Gottfried Benn. Von Wilhelm Große. 118 S. 6 Abb. UB 15226

Heinrich Böll. Von Helmut Bernsmeier. 151 S. 10 Abb. UB 15211

Bertolt Brecht. Von Franz-Josef Payrhuber. 176 S. 9 Abb. UB 15207

Georg Büchner. Von Karlheinz Hasselbach. 108 S. 7 Abb. UB 15212

Friedrich Dürrenmatt. Von Wilhelm Große. 176 S. 11 Abb. UB 15214

Joseph von Eichendorff. Von Helmut Bernsmeier. 152 S. 9 Abb. UB 15221

Theodor Fontane. Von Theodor Pelster. 116 S. 10 Abb. UB 15213

Max Frisch. Von Klaus Müller-Salget. 141 S. 10 Abb. UB 15210

Johann Wolfgang Goethe. Von Kurt Rothmann. 158 S. 10 Abb. UB 15201

Günter Grass. Von Theodor Pelster. 133 S. 11 Abb. UB 15220

Gerhart Hauptmann. Von Franz-Josef Payrhuber. 104 S. 9 Abb. UB 15215

Heinrich Heine. Von Wilhelm Große. 174 S. 11 Abb. UB 15223

E. T. A. Hoffmann. Von Susanne Gröble. 99 S. 9 Abb. UB 15222

Hermann Hesse. Von Helga Esselborn-Krumbiegel. 115 S. 9 Abb. UB 15208

Franz Kafka. Von Carsten Schlingmann. 168 S. 11 Abb. UB 15204

Gottfried Keller. Von Klaus-Dieter Metz. 143 S. 7 Abb. UB 15205

Heinrich von Kleist. Von Sabine Doering. 123 S. 10 Abb. UB 15209

Gotthold Ephraim Lessing. Von Wolfgang Kröger. 106 S. 10 Abb. UB 15206

Thomas Mann. Von Ulrich Karthaus. 115 S. 7 Abb. UB 15203

Conrad Ferdinand Meyer. Von Theodor Pelster. 119 S. 9 Abb. UB 15216

Friedrich Schiller. Von Walter Schafarschik. 182 S. 13 Abb. UB 15218

William Shakespeare. Von Reiner Poppe. 240 S. 15 Abb. UB 15224

Adalbert Stifter. Von Karl Pörnbacher. 144 S. 9 Abb. UB 15217

Theodor Storm. Von Winfried Freund. 136 S. 6 Abb. UB 15202

Einführung in die Verslehre. Von Hans-Dieter Gelfert. 192 S. UB 15037

Expressionismus. Von Wilhelm Große. 125 S. UB 15229

Kreatives Schreiben. 111 Übungen. Von Mario Leis [u. a.]. 174 S. UB 15228

Romantik. Von Martin Neubauer. 91 S. UB 15230

Wie interpretiert man ein Drama? Von Hans-Dieter Gelfert. 191 S. UB 15026

Wie interpretiert man ein Gedicht? Von Hans-Dieter Gelfert. 191 S. UB 15018

Wie interpretiert man eine Novelle und eine Kurzgeschichte? Von Hans-Dieter Gelfert. 195 S. UB 15030

Wie interpretiert man einen Film? Von Peter Beicken. 216 S. UB 15227

Wie interpretiert man einen Roman? Von Hans-Dieter Gelfert. 199 S. UB 15031

Philipp Reclam jun. Stuttgart